国家社科基金一般项目“新时代我国社会政策执行中的自由裁量问题研究”（18BSH144）资助
甘肃政法大学校级重大（16XZD07）科研项目资助
甘肃政法大学公共管理学院学科建设经费项目资助

转型期中国社会政策执行转换研究

徐毅成◎著

The Transformation of the Social Policy Implementation in the Transitional Period of China

中国经济出版社
CHINA ECONOMIC PUBLISHING HOUSE
·北京·

图书在版编目（CIP）数据

转型期中国社会政策执行转换研究 / 徐毅成著. --
北京：中国经济出版社，2024. 4
ISBN 978-7-5136-7698-4

Ⅰ. ①转… Ⅱ. ①徐… Ⅲ. ①社会政策-研究-中国
Ⅳ. ①D601

中国国家版本馆 CIP 数据核字（2024）第 061228 号

责任编辑 夏军城
责任印制 马小宾
封面设计 任燕飞

出版发行 中国经济出版社
印 刷 者 北京艾普海德印刷有限公司
经 销 者 各地新华书店
开　　本 710mm×1000mm 1/16
印　　张 13. 25
字　　数 220 千字
版　　次 2024 年 4 月第 1 版
印　　次 2024 年 4 月第 1 次
定　　价 88. 00 元
广告经营许可证 京西工商广字第 8179 号

中国经济出版社 **网址** http://epc. sinopec. com/epc/ **社址** 北京市东城区安定门外大街 58 号 **邮编** 100011
本版图书如存在印装质量问题，请与本社销售中心联系调换（联系电话：010-57512564）

序

关于“转换”

“转换”，对很多人来说是一个既熟悉又陌生的词语。说它熟悉，是因为在我们的日常生活和工作中经常会听到，甚至会不自觉地用到；说它陌生，是这个看似简单的词语还有很多内涵我们没有掌握。这里的内涵更多是对祖国大地上那些生动丰富、多彩多姿的实践和特色的深层次理解，当然也包括对建立在这个词语之上的学术标签的陌生感。《现代汉语词典（第7版）》对“转换”一词的解释为“改变；改换”。作为科研工作者，笔者每天都离不开知网，在相关文献中可以看到很多与“转换”一词相关的主题：“能量转换”“数据转换”“话语转换”“坐标转换”“角色转换”“机制转换”“模式转换”“现代转换”“格式转换”“模型转换”“结构转换”“动能转换”“范式转换”“整体转换”“职能转换”……

表序1是公共管理领域近几年与“转换”相关的一些文章，透过这些文章，可见“转换”一词已为学术界认同并使用。

表 序1 2007—2022年部分篇名中包含“转换”的公共管理领域文章

作者	篇名	期刊名	刊期
龚虹波	《执行结构转换下的权力互动——宁波市审批制度改革的政策过程分析》	《公共管理学报》	2007年第4期
罗晓俊	《行政服从解释视角的转换——从现代性、后现代性到公共性》	《南京工业大学学报（社会科学版）》	2012年第11卷第2期
崔光胜、陈培浩	《论公共行政价值理念现代性转换的四个维度》	《湖北行政学院学报》	2013年第5期
杨冬艳、李莹	《论公共行政工具性推理的实质性转换》	《中国行政管理》	2013年第10期

续表

作者	篇名	期刊名	刊期
王勇	《从“指标下压”到“利益协调”：大气治污的公共环境管理检讨与模式转换》	《政治学研究》	2014年第2期
刘小康	《从政府决策到公共决策：我国行政决策模式的转换》	《新视野》	2014年第6期
戴莺霞、郝兴昌	《规则转换中“任务选择”对“任务执行”的影响研究》	《湖州师范学院学报》	2015年第37卷第6期
傅雨飞	《公共政策量化分析：研究范式转换的动因和价值》	《中国行政管理》	2015年第8期
陆聂海	《从官僚制行政到民主治理：公共管理范式转换的再思考》	《行政论坛》	2016年第23卷第2期
李志强、张娜	《社区生态治理：新政治叙事与公共议题转换》	《探索》	2016年第5期
田毅鹏、刘博	《单位社会背景下公共性结构的形成及转换》	《山东社会科学》	2016年第6期
蒋源	《辅导式“联合生产”：城市公共服务供给的一个逻辑转换》	《领导科学》	2017年第26期
李海明	《治理范式转换视阈下的公共服务外包模式研究:以社会保障为例》	《政府管理评论》	2017年第二辑
张菊梅	《政府购买公共服务的风险类型、诱因及其转换机理》	《南昌大学学报（人文社会科学版）》	2018年第49卷第3期
何元春、夏成龙	《农村公共体育服务供给范式的转换——基于地方性知识理论》	《体育学刊》	2018年第25卷第4期
吴业苗	《城乡二元结构的存续与转换——基于城乡一体化公共性向度》	《浙江社会科学》	2018年第4期
莫秀蓉	《非政府组织农村公共服务主体转换模式创新探究》	《西南民族大学学报（人文社科版）》	2018年第39卷第7期
王惠琴、林雪娟	《从垄断到合作：村庄公共物品供给的逻辑转换》	《齐齐哈尔大学学报（哲学社会科学版）》	2018年第9期
李毅	《社会建构类型转换与公共政策变迁——以中国网约车监管政策演变为例》	《公共管理与政策评论》	2019年第8卷第5期
郭晓薇	《公立医院改革重在新旧机制转换》	《中国卫生》	2019年第8期
段静茹	《工具与价值的转换和公共行政的转折》	《新疆财经大学学报》	2020年第2期

续表

作者	篇名	期刊名	刊期
孟溦、张群	《公共政策变迁的间断均衡与范式转换——基于1978—2018年上海科技创新政策的实证研究》	《公共管理学报》	2020年第17卷第3期
许源源、徐圳	《公共服务供给、生计资本转换与相对贫困的形成——基于CGSS2015数据的实证分析》	《公共管理学报》	2020年第17卷第4期
武晋、张雨薇	《中国公共卫生治理：范式演进、转换逻辑与效能提升》	《求索》	2020年第4期
刘悦美、田明	《嵌入与转换：环境政策执行过程中环保社会组织的行动策略研究》	《中国行政管理》	2020年第7期
何敬业	《精准治理视域下公共管理范式转换逻辑研究》	《经营管理者》	2021年第10期
何微微、贾仓仓	《新型城镇化建设进程中户籍身份转换对中老年人孤独感水平的影响——基于CFPS微观数据的实证研究》	《农业技术经济》	2021年12月网络首发
曹志刚	《城市社区治理体系：常态运转和偶态应急的静态差异与动态转换——重大公共卫生危机的启示》	《学习与实践》	2022年第1期
张正军	《公共管理研究范式的嬗变与转换逻辑》	《阅江学刊》	2022年第14卷第2期
袁方成、范静惠	《政策执行模式的转换及其逻辑：一个拓展的“模糊—冲突”框架》	《中国行政管理》	2022年第3期
王霞、何莎薇	《从身份到职业：职业教育在农民角色转换中的可为空间》	《当代职业教育》	2022年第3期
麻昌华、唐鑫	《从“赋权”到“协同共进”：个人信息保护研究范式的转换》	《财经理论与实践》	2022年第43卷第3期
陈文海	《从他组织到自组织：“后扶贫时期”贫困治理的机制转换》	《领导科学论坛》	2022年第5期
李智超、于翔	《以智为治：我国城市管理的政策变迁与范式转换》	《公共治理研究》	2022年5月网络首发
袁俊林	《农民合作社减贫的农户收入效应及其异质性——基于内生转换回归模型的实证分析》	《中国农业资源与区划》	2022年5月网络首发

关于政策转换，早期的公共管理和公共政策领域都没有涉及。在西

方，最早提及“社会政策”与“转换”两个词的是联邦德国学者伊蕾娜·迪克森，其在《社会政策的计划观点——目标的产生与转换》一书中详细阐述了目标的形成、选择以及实践，指出要在工具选择与目标达成间找到一个连接点，这个连接点就是转换。

国外学者虽然对政策执行理论研究已经相当成熟并给予进一步完善，有较大的参考价值，但是这些理论研究者所处的时代、环境、背景与我们大不相同，其采用的研究方法和立场也与我们有很大差别，相关理论研究成果不一定能解决我们的实际问题。因此，在政策执行过程中，需要在政策工具与实践政策目标中选取一个连接点，而这个连接点就是我们定义的“政策转换”。

从 1978 年到 20 世纪 90 年代中期，我国比较注重经济政策，而对社会政策没有给予应有的重视及有效执行。从我国政策执行程序来看，一般要经过试点和全面推广阶段。在 20 世纪 80 年代，中国社会政策全面发展，在经济体制改革和对外开放背景下，为了应对当时的社会问题，经济体制改革带来的制度不协调问题被提上议程。市场经济的发展使中央政府与地方政府的关系成为焦点，随着社会经济体制的转型，地方政府如何治理也被提上议事日程。正是这种转型的力量推动了权力的下放，从而使地方政府成为推动经济高速发展的重要力量。因此，研究社会政策如何执行及如何更好地实现社会政策目标极为重要，既有迫切的现实意义，也有重要的学术价值。

本书主要研究以下几个问题：在政策执行过程中，地方政府是如何执行的？地方政府的政策执行是某种模式或特征？地方政府的政策执行导致了什么样的政策结果？政策结果是否符合中央政府和地方政府的预期目标或共同目标？如果不符合，地方政府该如何通过政策转换实现目标？在中央政府与地方政府分权视角下，本书将中央政府与地方政府的关系作为政策执行转换研究的基础，通过对转型期中国社会政策执行模式的总结，通过对比分析三个具体的社会政策案例的执行结果发现，在政策执行过程中，受自由裁量和利益博弈等因素的影响，有的实现了政策目标，有的没有实现政策目标。这些结果与转换有着紧密的联系，通过分析政策执行转换发生的原因，以及政策执行转换的方式，可最终实现社会政策创新。

本书首先基于对国内外政策执行、政策转换和创新的文献研究进行综述与对比借鉴，以分权理论为视角，明确了政策转换的概念，分析了分权视角下影响政策转换的两个主要因素：一是自由裁量，二是利益博弈。其次通过对社会政策领域的三个具体案例（教育政策、住房政策、低保政策）的文本分析，总结政策执行的模式和政策转换的模式。最后根据政策执行转换结果的正效应和负效应，提出政策转换的结构转换模式和过程转换模式，并基于文本转换、理念转换、决策转换、角色转换以及开放性协调来实现政策转换并最终走向政策创新。

通过研究，得出本书的结论：经过改革开放40多年的发展，我国政策执行在分权化基础上取得了很大进步。从地方政府角度而言，如果政策执行契合中央政府的目标或计划，则可以进一步深化和完善；如果政策执行偏离中央政府的目标或计划，则需要通过政策转换不断靠近目标，从而在政策创新的基础上实现中央政府的终极目标。因此，通过社会政策执行转换实现目标是政策创新的主要趋势。

党的十九大以来，习近平总书记多次指出，“当今世界正经历百年未有之大变局”。这是我们党立足中华民族伟大复兴战略全局，科学认识全球发展大势、深刻洞察世界格局变化而做出的重大判断，对于指导我们开启全面建设社会主义现代化国家新征程、夺取建设新时代中国特色社会主义新胜利，具有重大而深远的意义。“百年未有之大变局”指明了世界局势的变化和世界秩序的转换，警示我们面临着更多的变化和挑战，如何迎接挑战，如何做出改变，如何选择，如何坚持，如何发展创新是摆在全世界面前的一道“转换题”。

就笔者个人而言，感受最深的转换是由学生变为教师，身份的转变需要一个调整过程。每天面对学生，有时还要和学生家长进行深度沟通。教师的职业特点要求其在心态、言语、行为等方面做相应调整。教师衣着要干净整洁，大方得体；谈吐要文明亲切，生动易懂；要端庄、自然、有礼貌。这对学生的审美、言行举止都有着潜移默化的作用。社会对教师的职业定位是传授知识、教书育人。为此，我们在为人处世时，应该做到为人师表，尽可能地为学生树立好的榜样，引导学生做人，教给学生知识，指导学生生活。身教重于言教，当教师真正去了解学生、关心学生、爱护学生，就能成为学生的良师益友。习近平总书记心中好老师的四条标准是“有理想信念、有道德情操、有扎实学识、有仁爱之心”，总结起来就是“学高为师，身正为范”。

可以肯定的是，21 世纪的今天，是一个瞬息万变的时代，转换是时代潮流。在这个快速发展的时代，人们需要不断适应新的环境、新的观念和新的技术，以便在竞争激烈的社会中立足。转换已成为我们的生活常态，同时是我们不断进步的动力。

首先，从世界角度来看，全球化使世界各地的文化、经济和技术紧密相连，这种联系使世界加速转变。在这个过程中，各个国家和地区都需要不断进行自我调整与改革，以适应变化。例如，随着信息技术的发展，许多传统行业和职业正在发生变革，人们需要学习新的技能来应对。同时，新兴产业的崛起为人们提供了更多的就业机会和发展空间。因此，世界范围内的转换不仅推动了社会的进步，也为个人的成长提供了更多可能性。

其次，从个人角度来看，每个人都需要在不同阶段进行各种转换。一个人从孩童成长为青少年，再到成年人，甚至老年阶段，每个阶段都需要不断调整生活方式和价值观。在这个过程中，我们要学会平衡工作和生活，面对挑战时要保持积极的心态，以及在不同的人际关系中找到合适定位。这些转换不仅能让我们更好地适应社会变化，还能让我们在实现自我价值中不断成长和进步。

总之，在这个变化的时代，我们需要学会应对各种转换，以便适应这个快速发展的社会。同时，我们要认识到，转换不仅是一种被动的适应过程，更是一种积极主动的探索和创新。只有不断进行自我转换，我们才能在这个充满机遇和挑战的时代取得成功。

目录
CONTENTS

第一章 导论

一、研究缘由

（一）研究背景

世界各国都面临着一个共同的现实难题，即政策执行。国内外针对这一难题的探讨，经久不衰。美国著名管理学家皮特斯认为，“执行决定了一切，一项政策只有执行到位才体现价值”。[①] 一项好的政策如果执行不到位，则一文不值。在 20 世纪 60—70 年代，政策研究者把关注的重点都放在政策制定层面，政策的执行很少有人问津。人们普遍认为，当政策制定出来以后，只要辅以一定的物力、财力、人力等资源，政策目标就会实现。可见，当时的人们并不重视政策执行问题。

执行领域的糟糕表现令人沮丧，从 20 世纪中期开始，人们开始关注政策执行。政策学家 Aaron B. Wildavsky 和 Jeffrey L. Pressman 在 20 世纪 70 年代出版的《执行：联邦政府的期望在奥克兰市落空》一书中指出，“到处都充斥着建议和对策，但是没有一个是起作用的”。政策在执行时出现了很多变形，甚至是扭曲，从而出现了困扰人们的执行困境。以此为起点，学术界掀起了一股研究政策执行的热潮，形成了声势颇大的“执行运动”。在该书中，他们分析了“奥克兰计划”失败的原因不是政治主体之间的矛盾，也不是财力等资源的不充分，而是政策在执行方式上出现了问题。作者在书中进一步论述，“要想改变政策科学仅仅停留在理论层面的现状，就必须重视政策执行的问题，使政策科学成为行动的科学。同时，要在政

① 皮特斯．追求卓越（第 3 版）［M］．胡玮珊，译．北京：中信出版社，2012：45.

策制定与政策执行之间建立密切的联系”。[①] 在复杂的理论中建构一套完整的政策执行模式似乎不可能，Richard F. Elmore 指出：“没有一种模式可以简单地描述清楚执行过程中的完整的复杂性。”[②]

从 20 世纪 70 年代开始，西方国家在政策执行领域展开了广泛的研究，形成了三个重要发展阶段。

第一阶段：此阶段侧重研究政策执行的具体个案以及实务范围，以“自上而下”的执行路径为主，主要研究者为普雷斯曼与威尔达夫斯基。这个阶段的研究成果主要在于确定了政策执行与政策目标之间并不是一种线性的、简单的关系，强调了政策执行的复杂性。研究结果对于进一步开启执行政策研究具有开拓和启蒙意义，在一定层面上拓宽了研究视域。

第二阶段：此阶段的政策执行研究主要是对第一阶段研究结论进行批判和延伸，研究方向更加侧重理论分析和模型框架的建构，主要代表为 George C. Edwards Ⅲ、Paul Sabatier、Michael Lipsky、C. E. Van Horn 和 D. S. Van Meter。这一阶段的研究路径更倾向于“自下而上”的研究，开始关注政策制定与执行的协作。

第三阶段：此阶段的研究主要分析了前两个阶段存在的问题，在这些问题的基础上提出了整合的思路和框架。整合型的研究框架更加强调政府机关内部的网络结构和性质。从政策执行机关的网络结构可以看出，既有垂直方向的结构，也有水平方向的结构。垂直体系更强调政府之间的府际关系，水平方向的结构更强调政府以外的社会民间部门的伙伴关系。

从上述三个阶段来看，西方政策执行研究出现了很多范式与方法的争论，虽然没有形成一致意见，但是对于政策的研究起到了积极推进作用。同时，进一步拓展了政策科学的研究范围，将以往被忽视的执行环节纳入政策科学的视野。

从 20 世纪 70 年代中后期开始，政策制定与政策执行之间的差异表现

---

① JEFFREY L PRESSMAN, ARON B. Wildavsky. Implementation: How great expectation in Washington are dashed in Oakland [M]. Berkley: University of California Press, 1973: 125-145.

② 李允杰，丘昌泰 . 政策执行与评估 [M]. 北京：北京大学出版社，2008：9.

得越来越明显，凸显出政策执行的重要性。在政策执行理论的研究上，研究者提出许多个人见解，试图通过分析影响政策执行的因素找到原因。到了20世纪70年代末期，政策研究者根据不同的影响因素，从不同角度对政策执行进行研究并建构执行模型，其中，比较有影响且具有代表性的模型有：T. B. Smith的过程模型、M. Mclaughlin的互动模型、以E. Bardach为代表的博弈模型、Martin Ryan和RabinoVitz提出的循环模型、霍恩和米特提出的系统模型、Paul A. Sabatier和D. Mazmania提出的综合模型。①

总之，国外学者的理论研究已经相当成熟并处于进一步完善中，对我国具有一定的参考价值。虽然彼此的文化背景和环境不相同，但要解决的问题是一致的。因此，我们可以吸取和借鉴西方国家的经验，并结合我国的实际情况开展研究。

"从20世纪50年代起，我国形成的是公有制性质和计划经济模式下的社会保障政策体系，同时在计划经济年代并没有多少人广泛使用'社会政策'一词。当时的社会政策主要特征表现为社会与经济重合，且更多时候体现经济的重要性。"② 总体而言，在计划经济条件下，社会政策属于经济体制的一部分，没有独立地位，只是作为经济政策的一种必要的补充或配套措施。③

总体上看，从1978年到20世纪90年代中期，我国较注重经济政策，社会政策没有得到应有的重视及有效执行。从我国政策执行程序来看，地方政府政策执行的过程一般要经过两个阶段。第一阶段是试点。政策执行首先要经过试点，试点已经成为政策执行的一种方法和工具。在改革开放进程中，我国十分重视各项政策执行过程中试点的重要意义。可以说，"试点"是我国政策管理的一项实践与创造。邓小平同志曾指出："体制改革方案的实施，要做到方法细密，步骤稳妥，就应先进行试点，最好先搞一两个部门，有些什么典型经验，有些什么反应，有些什么问题，跟大家

① 陈振明．政策科学［M］．北京：中国人民大学出版社，2003：284-289.

② 关信平．改革开放30年中国社会政策的改革与发展［J］．甘肃社会科学，2008（5）：8-12.

③ 李迎生．转型时期的社会政策：问题与选择［M］．北京：中国人民大学出版社，2007：20.

见见面，这样别的部门进行起来就心中有数，事情好办。”① 试点作为我国政策执行的一种普遍性方法得到了广泛应用。刘东汶、胡象明认为，“我国地方政策执行过程是在中央政府监控下自主地进行的，一般采用‘先试点’‘后推广’的执行程序，因此可以简要地概括为中央监控下的‘点——面’模式。② 政策试点的目的在于“取得经验”，以便做到在执行中“心中有数”。只有经过试点，才能发现政策执行的问题，从而总结经验，进入全面推广或者普遍执行的阶段，也就是地方政府政策执行的第二个阶段。一项政策是否达到预期效果，主要看“试点”。政策执行“试点”结束后的全面推广阶段，才是社会政策全面执行的时候。

20 世纪 80 年代，中国社会政策进入全面发展时期，在经济体制改革和对外开放背景下，为了应对当时的社会问题，解决经济体制改革带来的制度不协调问题被提上议程。同时，根据“试点”发现的问题进行经验总结，对各项社会政策进行细化和补充。当前，我国在教育政策，住房政策，社会救助，医疗卫生服务，社会保险，青少年、老人、妇女、儿童的福利，社区与非营利组织等领域都有了重大变革，但是社会政策尚处在初级阶段，需要进一步研究。

市场化改革和转型使中央与地方的关系成为焦点，随着社会经济体制的变革，地方政府如何治理也被提上议事日程。转型的力量推动了权力的分化，从而使地方政府成为推动中国经济高速发展的重要力量。市场经济的发展使地方乃至整个国家经济开始繁荣，但繁荣背后仍存在一些社会问题。各级地方政府面对新情况、新问题，迫切需要做出正确的决策。一些政策在执行过程中被扭曲，与政策目标背道而驰。另外，个别地方政策执行主体在执行政策过程中以自身利益为主，不从长远角度考虑。积极的政策执行可实现政策目标，相反则会导致政策越轨，非但不能解决社会问题，反而会加剧社会矛盾。

在这样的时代背景下，从我国政府体系纵向结构和横向结构的关系来看，中央将解决社会问题提上议事日程，并对相关问题进行分析和研究。

---

① 中共中央文献编辑委员会．邓小平文选［M］．北京：人民出版社，1993：252.

② 刘东汶，胡象明．政策科学的发展与学科建设［J］．经济研究参考，1996（J6）：3.

地方政府在执行中央的决策和相关政策时，受到当地文化背景、经济发展程度、社会环境等多重因素的制约和影响，导致中央政策在地方层级发生与预定目标偏离或者契合的转换。因此，研究社会政策的执行极为重要，不仅具有强烈的现实意义，还具有重要的学术价值。

（二）研究意义

1. 现实意义

第一，有利于彰显社会政策的价值理念。伴随着我国社会经济体制的转型和行政体制调整的深化，政府机构改革的主要任务是转变政府职能，建设服务型政府，服务人民群众，确保社会秩序稳定、社会管理和社会服务水平显著提高。中央政府不断分权于地方政府，职能从微观领域收缩到宏观领域，更加注重顶层设计，而地方政府更多聚焦于执行层面，出现了一些新的政策执行问题和矛盾。只有有效的政策执行才能凝聚社会才智，强化责任型政府和服务型政府的构建，提高政策执行的效率。同时，进一步明确政府的责任和义务，有利于政策执行到位，通过整合相关层面的利益、更快更好地构建利益协调机制，以发挥公众参与、合作、沟通、协调的作用，为社会政策执行营造良好的氛围，实现社会政策公平公正的价值目标。

第二，有利于改善政府政策执行方式与执政能力。政策执行结果是衡量政策目标和社会利益是否一致的主要标准，直接关系到政府的公信力和权威。目前我国正处于全面转型阶段，社会政策的价值导向更加注重社会公平。我国社会政策执行中的偏离、扭曲等问题和现象仍时有发生。构建社会政策执行模式和社会政策转换模式，有利于推动政策执行模式本土化，对政策目标和社会利益的实现具有重要的现实意义。

第三，有利于更好地协调政府、社会、公民之间的关系，从而推动政策执行的本土化研究，化解政策执行中的不利因素，进而达到政策目标。对于政府部门而言，更好地协调央地关系、部门与部门之间的关系以及部门、组织和地方的关系，对于强化自身政策学习具有积极示范作用。

2. 理论意义

第一，深入探讨转型期中国社会政策执行转换模式。政策能否有效执行，不仅取决于执行资源的多少、执行主体是否尽职尽责、执行对象是否接受、执行组织行动是否有效，还取决于政策执行的方式是否科学。一般政策由中央政府制定，地方政府负责执行。政策执行过程不仅是一个地方政府执行的过程，还是中央政府监督的过程，从而达到合理有序。一般情况下，地方政府是执行主体，在执行过程中，既会出现地方政府根据自身利益结构执行不到位的现象，也有执行到位且推动当地经济社会繁荣发展的情况。因此，如何引导和转换是当务之急。

第二，随着社会的发展，社会政策日益成为政府、市场和社会之间的纽带，在向后工业社会转型过程中，社会政策在维护社会价值理念、社会秩序等方面发挥着重要作用。通过中央政府与地方政府的互动，以及相关政策的执行，不断推动社会政策执行理念的创新、执行方式的创新。

二、研究综述

（一）政策执行相关研究综述

1. 国外对分权影响改革的研究

国外学者对于央地关系集权与分权等方面的研究十分丰富而全面。美国学者里普森认为，“在市场经济趋势和全球化条件下应该从经济的角度研究中央与地方的关系，并指出经济、集中和转移已经使中央与地方关系的重新调整成为必要”。① 美国当代政治学家亨廷顿在其《变革社会中的政治秩序》一书中提出：“政治现代化意味着中央政府享有的对内主权不被地方或区域权力所左右。它意味着国家的完整，并将国有的权力集中或积聚在举国公认的全国性立法机关手里”。②

依据国家结构与央地权力分配来划分，西方政党和国家一般划分为三种模式：联邦分权模式、单一集权模式和单一分权模式。三种模式中，联邦分权模式以美国最具代表性。自美国独立至南北战争前，地方分权制度得以充分施行。自 18 世纪 90 年代，美国慢慢由邦联制过渡到联邦制，在

① 里普森．政治的重大问题：政治学导论［M］．北京：华夏出版社，2001：247.
② 亨廷顿．变革社会中的政治秩序［M］．北京：华夏出版社，1988：32.

相关规定和政策完善过程中遇到很多阻力。首先是双重联邦制，“联邦和州政府在各自的权力范围内平行存在，互不干涉，互不混淆，各自在独立的权力范围和制度体系内活动”。[①] 现在的美国，由 50 个州和众多州以下地方单位组成。美国地方政府是指州以下政府，州政府不在其中。地方性事务由地方自治体管理；全州性问题，如公共安全、打击犯罪、公共卫生、交通管理、一般性公民福利等，均由州政府管理。具体表现为：第一，中央与地方权力范围法律化；第二，权力结构属于分权协作模式，即中央与地方共同处理权限内的事务；第三，中央与地方权力在变化和调整过程中出现双重扩张，也就是说，在中央权力扩张的同时，地方政府的权力也在不断扩张。

单一集权模式以法国为典型。法国属于传统意义上的集权制国家，这种集权最早起源于法国大革命时期，拿破仑上台后得到确定。“拿破仑主要推行‘地方行政首长管理制度’，取消了地方的选举和自治行为，由中央统管地方。19 世纪 50 年代左右，地方政府要求民主选举，随着这种呼声越来越高，中央与地方明显分界。这种界限并没有削减中央对地方的控制，反而加剧了集权的程度和控制的层面。”[②] 密特朗（Francois Mitterrand）上台后，法国境内掀起了一场分权化改革运动，从而在国民议会上讨论并通过分权化改革的 210 多项法案，同时颁布了一批新的行政规定，并且在 5 年后举行了各个选区议会的普选活动。1992 年，法国通过了《共和国地方行政法》，这项法案的核心内容是：第一，明确了中央与地方之间的委托代理关系；第二，中央通过行政监督与司法监督两种形式对地方政府的部门和组织进行监督；第三，提高了地方政府在行政、财政、法律方面的权力和地位，从而使地方政府的分权改革进入了一个快速发展期。在这个变化、发展与调试阶段，地方政府通过分权要达到的目标是民主、自由和效率。

单一分权模式以英国最典型。英国是议会制政体，中央政府向议会负责，中央主要通过特设部门对地方进行监督、控制和指导。因此，在英

① 林尚立. 国内政府间关系［M］. 杭州：浙江人民出版社，1998：213-214.

② 杨小云，邢翠微. 西方国家协调中央与地方关系的几种模式及启示［J］. 政治学研究，1999（2）：30-39.

国，议会和中央政府共同管理着地方政府各部门与人员。

现代英国的行政体系结构大致形成于19世纪。随着工业化进程和现代化逐步推进，在20世纪60年代左右，英国政府先后出台多部关于地方政府的法律法规，确定了地方政府的选举，并将原有的郡一级议会权力转移到城市区一级议会。从实践上来看，真正能够经常、有效地监督控制地方政府的是中央行政机关，其监督控制的主要方式包括：制定行政法规和规章；批准单行法规、计划和命令；行使任职同意权；审计监督；财政控制，这是中央对地方政府进行监督最重要的方式。例如，限制地方税税率（地方税封顶），限制地方政府的经常性支出和固定资产投资支出总额，审批地方政府的长期贷款，确定地方政府的具体补助金额。在这些措施和手段中，以确定的补助金额进行补助最为有效。因为地方政府总收入中有一半左右来自中央的补助金，地方财政对补助金依赖极大。[①] 值得指出的是，英国地方政府在行使各种自主权的时候，虽然会受到中央政府的某些制约，但在实际活动中，中央对地方传统的实施权限和实施权限的方式，一般会持尊重态度。即使为了提高效率必须进行改革时，中央政府对地方政府的传统安排，总要给予足够的注意并做出妥善处理。[②]

现代西方国家中央与地方的关系总体上逐渐完善和成熟，但仍存在一些棘手的问题，主要表现在：第一，集权、分权难以在现实中平衡，矛盾普遍存在；第二，中央与地方政府财政一直处于较为紧张的状态。进入21世纪，西方国家中央与地方关系的发展趋势大致有两点：首先，中央与地方集权、分权同时存在。为了更好地进行文化和教育等社会事务，中央应当向地方分权；人类运用科技手段过度开发和利用各种资源，虽然获得了大量财富，但是破坏了自然环境，产生人类与环境的矛盾。这需要具有强制力的中央政府来调节，缓和矛盾。其次，中央与地方协作的领域越来越广。双方只有通过协作，才能获得更多收益，同时增强中央与地方之间的信任和依赖。

---

① 童之伟．国家结构形式论［M］．湖北：武汉大学出版社，1997：260.

② 吴大英，杨海蛟．政治关系论［M］．太原：山西教育出版社，2001：172.

2. 国外有关政策执行的研究

什么是政策执行，国内外政策学家从各个角度和方面给予了不同诠释。随着社会的发展，尤其是从20世纪中期开始，政策研究在各国得到重视，政策科学应运而生。政策执行研究作为政策研究的重要一环在西方已经非常深入和成熟，以1973年Jeffrey L. Pressman和Aaron B. Wildavsky合著的《执行：联邦政府的期望在奥克兰市落空》一书出版为标志。研究发现执行的复杂性和重要性，通过项目分析，政策执行之于政策结果有着最为直接的关系，这打破了人们一直以为政策目标可以自动实现的观点。[①]

美国政策科学家Jeffrey L. Pressman和Aaron B. Wildavsky把政策执行解释为："在目标确定的前提下，目标的不断调适和相互作用过程。"[②] 另两位研究政策执行的美国学者萨巴蒂尔和马兹曼尼安也从不同的视角界定政策执行："通过固定的法律、议会决议、上诉法院决议、行政命令等形式，实施的一种政策决策过程。"[③] 此外，有学者把政策执行解释为一种行为或活动。美国学者Co Jones认为："政策执行是以解释、应用和组织三项活动为主的实现目标的过程。解释是指使政策内容更加简洁、清晰和易懂；组织活动是指需要设立相关执行部门，拟定执行条例，以便更好地完善执行工作、实现最终目标；应用活动是指通过执行部门和机构提供服务和相关设备等，从而实现预定的目标。"[④] C. E. Van Horn和D. S. Van Meter指出："政策执行是指公共的或者私人性质的集团、团体和个人为了实现相关决策而采取的行动。这些行动可以分为两类：一类是具有可操作性的措施；另一类是具有可变迁性质的措施。"[⑤] George C. Edwards Ⅲ和L. Sharkausky提出，"政策执行是指传递命令、收集信息、资金扶持、签订

① 朴贞子，金炯烈，李洪霞 . 政策执行论［M］. 北京：中国社会科学出版社，2010：24.

② PRESSMAN J L，WILDAVSKY A B. Implementation［M］. 2nd ed. Berkeley：University of California Press，1979：XX-XXI.

③ 内格尔 . 政策研究百科全书［M］. 林明，等译［M］. 北京：科学技术文献出版社，1990：112.

④ JONES CO. An introduction to the study of public policy［M］. 2nd ed. North Scituate，Mas.：Duxbury，1977：139.

⑤ VAN HORN C E，VAN METER D S. The implementation of intergovernmental policy［M］// C O Jones，R D Thomas. Public policy making in federal system，Beverly Hills：Sage Publications，1976：45.

合约、雇佣人员、安排人事以及建立相关组织机构的活动”。① 此外，C. P. Snow 和 L. Trilling 提出：“任何一类将意识形态的理念转变为具体行动的工作，都是一种带有简化性质的工作。正是这种简化性质的主体将相关问题转化为具体可操作的内容，由相关机构负责执行。”② R. S. Montjoy 和 L. J. Toole Jr. 更是明确地指出：“政策执行就是执行某一项由上级所作的决定。”③

政策执行就是“在政策期望与所感知的政策结果之间所发生的活动”。④ 美国公共政策学者巴达克用博弈理论研究分析政策执行的过程，“他把政策执行过程看作是一场对弈，在竞争与合作的情况下，每一个局中人都希望得到最大的收益，且希望将损失减少到最低程度。然而，最终政策的成功和失败往往要取决于各方参加者的‘战略抉择’”。⑤ 萨巴蒂尔和马兹曼尼安认为，“问题的可控性、构建执行的法律框架能力和影响执行的非法律性的变量三个因素这三个因素决定了成功执行的可能性”。⑥ Anderson J. E. 认为，“探讨政策是否能够成功执行，不仅要关注上层行为，还要关注下层官员对政策执行的影响。有部分可能是下层官员试图减少政策的影响或改变政策以便达到利于自己的目的”。⑦

20 世纪六七十年代，Theodore J. Lowi 提出了政策类型理论。他认为：“政策分类要注重内在和政治上的特征，可以从政府强制力角度对政策进行类型划分。以‘政府强制的可能性’和‘政府强制发生作用的途径’两个维度为依据，把公共政策划分为四种类型（分配型政策、构成型政策、

---

① EDWARDS III G C, SHARKANSKY L. The policy predicament［M］. San Francisco：W. H. Freeman and Co.，1978：293.

② ELMORE R F. Organizational models of social implementation［J］. Public Policy，1978，26（2）：185.

③ MONTJOY R S，TOOLE JR L J. Toward a theory of public policy implementation：An organizational perspective［J］. Public Administration Review，1979（9-10）：465.

④ DELEON P. The missing link revisited：Contemporary implementation research［J］. Policy Studies Review，1999：314-315.

⑤ 袁振国．教育政策学［M］．南京：江苏教育出版社，2001：290.

⑥ 竺乾威．地方政府的政策执行行为分析：以拉闸限电为例［J］．西安交通大学学报（社会科学版），2012（2）：7.

⑦ Anderson J. E. Policymaking：An introduction［M］. 5th ed.，Boston：Houghton Mifflin，2003：195.

规制型政策、再分配型政策），并且认为不同的政策类型会形成不同的权力系统，不同的权力系统之间又会发展自己不同的政治过程、结构和精英集团。”① Erwin C. Hargrove 认为：“再分配政策比分配政策更难于执行，而管控政策的成功，则常常取决于他们对利益分配的影响程度。”② R. B. Riply 和 G. A. Frankin 在《政策执行与官僚制》一书中则从日常化程度、冲突程度、政府官僚活动的反对程度、理论争论程度、小政府的压力和诉求等角度分析了规制政策、分配政策和再分配政策的具体执行过程。③ 彼得斯认为，“官僚在解释法律、制定规则，将法律付诸实施的过程中发挥着重要作用，他们在将法律和规章用于单独的个案中也发挥着重要作用”。④ “马特兰德以政策的冲突性和模糊性为依据建立了一个包含有四种类型的政策执行权变模型（即行政执行、政治执行、实验性执行和象征性执行），并具体分析了影响这四种类型执行结果的相关变量。”⑤

20 世纪 90 年代以来，政策执行研究以执行的动态性、执行结果的多样性，以及影响执行的变量在因果关系上的复杂性为主要出发点。这一时期，现代政府的责任范围扩张，公用事务日益复杂化，越来越多的团体可以参与政策领域，政策执行研究的领域越来越广。执行结果的反馈使政府的决策重新修正，同时，通过政策制定和执行的相互学习与相互调适，可以取得更好的政策执行结果，而这促进了政策执行研究中对府际关系的重视。

3. 国外的社会政策执行项目研究

（1）国外救助政策

社会保障制度的建立已经成为现代社会建设和发展的主要标志。英国

---

① 魏姝．政策类型与政策执行：基于多案例比较的实证研究［J］．南京社会科学，2012（5）：6.

② HARGROVE E C. The search for implementation theory，institute for public policy studies［M］. Nashville：Vanderbilt University，1981：32.

③ RIPLY R B，FRANKLIN G A. Policy implementation and bureaucracy［M］. Chicago：The Dorsey Press，1986：32-60.

④ 彼得斯．美国的公共政策：承诺与执行（第 6 版）［M］．顾丽梅，译．上海：复旦大学出版社，2008：120.

⑤ 斯蒂尔曼二世．公共行政学：概念与案例［M］．竺乾威，译．北京：中国人民大学出版社，2004：608-631.

1601 年的《伊丽莎白济贫法》和 1834 年的新《济贫法》，确立了国家在救济贫民方面应当承担的义务，以及贫民可以享受的基本公民权利。同时，标志着政府开始直接参与社会救济活动并组织相关工作。

19 世纪 80 年代，德国确立社会保障制度，标志着早期社会救济开始向社会救助方向转变，社会救济开始被纳入社会保障制度体系。此后，社会救助成为各国社会保障制度中最关键的一部分，在社会发展中发挥着积极作用。英国、德国、美国、日本等福利水平较高的国家都将社会救助视为重要的社会保障措施。

1935—1974 年，美国颁布《社会保障法》后，在社会保险、社会救助和社会福利等方面取得了巨大进步。有学者评价："在罗斯福年代，社会保障受到重视，美国社会救助制度的规范化开始形成，美国制定了历史上第一部社会保障法，它标志着美国在救助领域规范化和制度化的开始。经过多年不懈的努力和改革进取，美国在社会救助领域内容和成果不断丰富，主要有抚养未成年子女家庭补助、补充保障收入、医疗救助、住房救助、食品救助、教育救助等等。"①

英国的社会救助制度最完善，主要以"生活补贴"的方式，实行社会救助申请制度，有救助需求的家庭向社会保障机构提交申请书，机构经过详细调查和审核，定期发放社会救助金。

（2）国外教育政策

国外对教育政策执行的研究以美国学者 Allan Odden 最全面。1991 年，奥登编著出版了《教育政策执行研究》。该书详述了教育政策的概念、过程以及方法，推动了教育政策研究向更深、更广的维度发展。奥登通过确定主题、划分范围及重点的方式，将美国在教育政策执行方面的研究分为三个阶段："第一阶段（1960—1980 年），早期的教育政策执行研究，主要的分析方法是通过个案研究，探索和分析当时美国教育政策失败的原因；第二阶段（1980—1985 年），更加注重和强调教育政策的执行内容，对比分析了早期研究的不足；第三阶段（1985—2000 年），将研究重点集中到

---

① 冯英，聂文倩．外国的社会救助［M］．北京：中国社会出版社，2008：50-58.

到底如何执行教育政策，如何减少不利因素以达到教育政策目标。”① 当前，美国的教育研究范围相当广泛，研究手段更加多元，有类型研究、失真研究、案例研究等。

（3）国外住房保障政策

低收入家庭的住房问题是世界各国面临的共同问题，各国学者进行了大量研究。国外学者针对住房保障的研究范围和内容主要为对比分析研究欧美各国住房政策、政府在住房市场中发挥的效用，以及执行住房保障政策引起的主要社会问题等。

第一，对各国住房政策的研究。住房作为一种社会服务暂时还无法按需分配，只能通过各种行政的、经济的手段和方式对住房市场进行干预。学者 John Doling 指出，在过去 20 年里，住房政策的比较研究明显增多，对住房政策的简单比较有助于更好地理解整个社会。② 通过对美国、英国、新加坡等国家的住房政策研究，可以发现：一是这些国家经济发达，住房制度相对完善；二是这些国家都采取了政府主导、民间参与、个人补贴三管齐下的中低收入者住房保障政策；三是这些国家都通过政府直接补贴、金融政策、利税杠杆等多种手段来保证住房保障的公平有效。③

Samuel E. Trotter 认为：美国针对低收入人群住房保障政策的特色在于其各项保障措施的法制化，美国政府先后通过《国民住房法》《住房建设与发展法》《城市建设法》等相关法律法规，对住房保障进行规定；同时为了让低收入群体拥有住房，美国政府采取了多种税收减免政策、个人住宅抵押贷款政策。这是一种立法与政策先行的制度。④

英国也具有其特色。Stephen Merrett 研究了英国的住房政策后认为，英国是世界上很早就对住房进行政府干预的国家，1919 年颁布的《住房规

① ALLAN O. Education policy implementation [M]. New York: State University of New York Press, 1991: 5.

② DOLING JOHN. Housing policies and the little tigers: How do they compare with other industrialized countries [J]. Housing Studies, 1992 (14): 229-250.

③ 李英，等. 城镇住房保障模式研究：以政府资助下的租赁为主体 [M]. 北京：清华大学出版社，2012：10.

④ SAMUEL E. TROTTER. A study of public housing in the United States [J]. The Journal of Finance, 1958 (9): 429-430.

划法》明确规定了居民住房问题，政府有义务解决住房问题。经过不断努力，英国的住房政策从政府直接供给转向政府以财政、金融手段激励扶持社会化公共住房的建造和运行。同时，鼓励自建、租赁及购买住房。①

新加坡的住房保障制度值得借鉴。Belinda Yuan 认为，新加坡作为一个新型市场国家，其住房并不是完全通过市场机制来解决，而是通过政府的介入。1955 年，新加坡根据《中央公积金法》建立了强制储蓄制度，即公积金制度。该制度是新加坡解决居民住房问题的重要保障，是对新加坡组屋建设和“居者有其屋”计划的重大金融支持。所有新加坡公民和具有永久居留权的居民，都必须参加公积金储蓄计划，缴纳公积金是公民的义务，具有强制性。企业雇主不缴纳公积金属于违法行为。同时，不同年龄段居民的缴费率不同，随着居民年龄的增长，缴费率会下降。这项政策确保大部分人可以使用公积金账户资金来支付贷款等，减少使用其他资金。②

不同国家住房政策的执行方式各具特色，但是基本可以概括为从补“砖头”向补“人头”转变。Rogers Biles 认为，美国的住房政策是“从供给和需求两个方面补贴”，最大的特色在于美国的租金补贴模式，增加了低租金住房。③ Kleiximan Mark 认为，英国在 20 世纪 80 年代推动了“住房私有化”改革，采用混合产权补贴模式。④ 新加坡分类供应的方法效果较好，从 20 世纪下半叶开始，小户型、低造价的“政府组屋”占 80%以上，大部分居民都居住在“组屋”。⑤

第二，政府干预住房市场政策的研究。目前，世界大部分国家都干预住房市场。对此不同的学者有不同的看法，西方主流学者坚持认为政府应干预住房市场。“早在 1911—1921 年，德国、英国、荷兰和丹麦政府就制

---

① MERRETT S. State housing in Britain [M]. London: Routledge & Kegan Paul, 1979: 233-260.

② YUAN B. Squatters no more: Singapore social housing [J]. Global Urban Development, 2007 (1): 40-55.

③ BILES R. Nathan Straus and the failure of U. S. public housing, 1937—1942 [J]. Historian, 1990 (1): 33-46.

④ MARK K. Housing, welfare, and the state in Europe: A comparative analysis of Britain, France and German [M]. New York: Edward Elgar Publishing Ltd, 1996: 25-50.

⑤ YUAN B. Squatters no more: Singapore social housing [J]. Global Urban Development, 2007 (1): 40-55.

订和实施了公房租赁计划。”① “第二次世界大战结束后，西方各国都致力于解决战争导致的住房供给问题，且根据凯恩斯主义把制定住房政策作为干预市场的工具之一。”② 在随后的工业化和城市化进程中，西欧各国构建起各自的住房政策体系。它们不仅通过住房政策来协调阶级阶层利益，维护社会稳定，而且把居住权利宣称为公民所应享有的福利权利。”③ 根据不同的理论，政府在住房市场上的干预模式和效果也发展出了不同的类型。最典型的是唐尼森（David Donnison）的三种模型“雏生型、社会型和全面负责型”。④

第三，对各国执行住房保障政策引起的主要社会问题的研究。从总体上看，各国的住房保障政策执行都引发了一些社会问题。A. More 和 D. MacLennan 的研究显示，“存在于北欧国家的左翼势力，在某种程度上推进了北欧国家的公房建设和发展，但是公房建设在美国的发展却明显缺乏推动力”。⑤ 美国在 2004—2005 年建造了大量住房，之后住房建设速度持续下滑，住房价格急剧下降，房地产经纪业衰退。美国住房保障政策执行以来，政府允许和鼓励抵押贷款，以创建高风险的次级抵押贷款产品提高居民自置居所的数量。但是，美国的金融市场过于追求利润，住房保障政策执行扭曲，导致金融市场崩溃。⑥ 英国执行住房保障政策以来，存在保障性住房供应不足的问题，政府倾向于无家可归的人群，很难推进住房私有化，但是英国对私有住房的需求不断增加。⑦ 新加坡执行住房保障政策引起的问题主要有两个：一是土地征用难问题。早期政府强制征用土

---

① HARLOE M. Social housing: Past, present and future [J]. Housing Studies, 1994, 9 (3): 407-416.

② MALPASS P, MURIE A. Housing policy and practice, Second Edition [M]. Basingstoke: Macmillan Education LTD, 1987: 105.

③ 陈燕，林炳耀．“福利国家”英国的住房政策［J］. 城市开发，2003（2）：73-76.

④ 李英，等．城镇住房保障模式研究：以政府资助下的租赁为主体［M］. 北京：清华大学出版社，2012：13.

⑤ MACLERMAN D, MORE A. Changing social housing at Brit-ain: A comparative perspective [J]. European Journal Of Housing Policy, 2001 (1): 105-134.

⑥ HIRAYAMA Y. Neoliberal policy and the housing safety net in Japan [J]. City, Culture and Society, 2010 (1): 9-26.

⑦ 刘朝马．住房保障政策：英国经验及启示［J］. 城市问题，2007（3）：91-99.

地，因土地价格低于市场价格而遭到诸多非议，但最终解决了大部分新加坡人的居住问题。二是拆迁安置问题。在对棚户区的拆迁和居民安置过程中，住房保障政策执行遭到了很大阻力。①

4. 国内有关政策执行的研究

国内理论界在1990年左右开始关注政策执行的研究，2000年左右开始系统地分析和研究政策执行。② 从研究成果和内容来看，大致可以分为以下几个层面。

（1）引介西方政策执行理论

相关学者从不同维度、不同研究方法上分析了西方政策执行相关理论的发展过程并进行论述。我国港澳台地区的政策研究成果丰富，从研究时间上来看远远早于内地。学者李允杰、丘昌泰在《政策执行与评估》中选取三种执行视角（“自上而下”、“自下而上”、整合型）介绍了政策执行的含义、理论背景、发展、演变等，对政策执行进行了横向和纵向解析，囊括了许多社会前沿问题和具体实务。③ 然而，以上都是对西方政策执行模式的总结和概括，并没有探索出执行的新模式。

从20世纪90年代中后期开始，随着我国市场经济的发展，中央逐步下放行政权力，地方政府行政权力不断扩大，政策执行过程中出现的一些问题逐渐受到政策研究者的重视，政策执行研究被提上议事日程。关于政策执行的研究和相关问题，尤其是针对地方政府的政策执行问题引起广泛关注。我国地方政策执行过程是在中央政府监控下自主进行的，一般采用“先试点、后推广”的执行程序，可简要概括为中央监控下的“点—面”模式。但是，要解决政策目标与政策手段不协调的问题，④ 就要进一步加强执行问题的研究。

（2）政策执行基础研究

国内学者关注和研究政策执行的实践较晚，直到20世纪90年代才陆

---

① 李英，等．城镇住房保障模式研究：以政府资助下的租赁为主体［M］．北京：清华大学出版社，2012：15.

② 朴贞子，金炯烈，李洪霞．政策执行论［M］．北京：中国社会科学出版社，2010：34.

③ 李允杰，丘昌泰．政策执行与评估［M］．北京：北京大学出版社，2008：5-35.

④ 胡象明．政策科学的发展与学科建设［J］．经济研究参考，1996（J6）：4.

续出现一些研究政策执行的论文。笔者在“中国期刊全文数据库”以“政策执行”进行关键词搜索，年限为“1990—1999年”的文献有105篇；年限为“2000—2009年”的文献有1075篇；年限为“2000—2014年”的文献有1820篇。可见“政策执行”的研究成果逐年增长。现阶段，我国学者有关“政策执行”的研究专著共有12部：施能杰的《国会监督与政策执行——美国经验值研究并兼论我国的发展》、郭渐强的《政策执行研究》、金太军的《公共政策执行梗阻与消除》、丁煌的《政策执行阻滞机制及其防治对策》、张玉的《政策执行研究的新视野：区域政策执行的制度分析与模式建构》、李允杰的《政策执行与评估》，赵凯农的《公共政策——如何贯彻执行》、莫勇波的《公共政策执行中的政府执行力问题研究》、周国雄的《博弈：公共政策执行力与利益主体》，朴贞子的《政策执行论》、姚华和耿敬的《政策执行与行动者的策略：2003年上海市居委会直接选举的个案研究》、刘伯龙和竺乾威的《中国农村公共政策：政策执行的实证研究》。

对于“政策执行”，学者们“仁者见仁，智者见智”。有的学者认为，政策执行是中央政府与地方政府上下互动的过程；有的学者认为，政策执行是一种政策演进的过程。桑玉成和陈庆云将政策执行界定为“为了实现政策目标将政策内容转化为政策动态优化过程”。[①] 学者林水波和张世贤认为，“政策执行是一种动态的过程，在整个执行过程中，负责执行的机关和人员应用各种必要的因素，采取各种行动，进行适当的裁量，建立合理可行的规则，培养和塑造目标共识，通过协商化解冲突，从而达成特殊的政策目标”。[②]

“政策执行”涉及范围较宽泛。政策执行研究主要侧重于三个方面：一是我国政策执行的整体分析。主要集中于地方政府政策执行研究等。二是相关政策领域理论研究。主要集中于政策执行资源和执行手段研究，执行资源包括制度资源、专家资源、财力资源、信息资源、人力资源等，执行手段包括技术手段、行政手段、经济手段、法律手段、思想政治教育手

① 陈庆云．公共政策分析［M］．北京：中国经济出版社，1996：232.

② 丁煌．政策执行阻滞机制及其防治对策：一项基于行为和制度的分析［M］．北京：人民出版社，2002：23.

段等。三是具体政策领域的执行研究，包括土地政策执行、农业政策执行、税务政策执行、房地产政策执行、药品监管政策执行、财政政策执行、计划生育政策执行等。

现阶段我国正处于转型期，各种问题集中体现，而这些问题大多是政策执行不畅导致。政府、市场、社会等都与政策执行紧密相关。要预防政策执行扭曲、曲解、替换、抵制等问题，加强政策执行的研究势在必行。

由于执行有着广义和狭义之分，因此研究者对于政策执行的范围和内容的界定各不相同。狭义上，政策执行是指具体方案的执行与落实，不涉及相关内容的监督与反馈等；广义上，政策执行是指执行主体通过执行相关政策方案，实现最终目标的过程。通过对比分析可以发现，有效的政策执行须具备以下几个条件：①知道相应的社会价值偏好及其在社会人群中的比重；②详尽了解相关资料，并以此为基础制定各种可能的政策执行方案；③充分把握每一种政策方案各种可能的结果；④准确估计每一种政策方案的损益期望和社会价值比；⑤合理选择最为经济有效的政策方案。[①]

西方政策执行研究为我国政策执行研究提供了一个大的学术背景支持。部分学者分别从“制度”“系统”“主体”角度进行了探讨。从制度角度看，政策执行是为了规范政府行为而提供的约束机制，以保障群体利益的实现。从系统的角度看，政策执行是遵循系统特征，最大化实现政策目标的动态过程。钱再见和金太军认为，“‘中梗阻’现象在政策执行过程中广泛存在，可以从政策执行主体角度分析原因。要防止‘中梗阻’现象的出现，就需要强化政策执行主体的认知水平、提高政府执政能力、加强政策宣传力度、建立健全政策执行责任追究制度”。[②] 丁煌认为，“随着我国进入新的发展阶段，执行成为关键，执行主体在某种层面上是利益主体，因而在执行中难免产生执行阻滞。因此，需要从完善制度、改革职权、扩大干部管理队伍等方面来消除漏洞，防范阻滞发生，实现政策的目标”。[③]

---

① 刘伟忠．政策有效执行的组织内部环境之维［J］．贵州社会科学，2007（7）：60-63.

② 钱再见，金太军．公共政策执行主体与公共政策执行“中梗阻”现象［J］．中国行政管理，2002（2）：2.

③ 丁煌．我国现阶段政策执行阻滞及其防治对策的制度分析［J］．政治学研究，2002（1）：28-39.

陆小成等认为，“当前我国政策执行中的资源整合能力较弱，需要通过引导、协作、参与、统筹等方式来加强资源的开发、利用和配置”。① 李丽红认为，“政策执行中价值理念的冲突明显，主要表现为责、权、利之间以及工具理性和价值理性间的矛盾，要减少这类矛盾和冲突所导致的损失，就需要进一步提高社会的权利，提升公民的权利意识”。②

陶学荣通过对比西方政策执行模型，基于中国现状提出四种政策执行模型：“团体参与模型、宣传动员模型、权威强制模型、市场激励模型。”③ 团体参与模型，基于团体理论，提出利益团体是现代政策决策中具有重要影响力的一支重要力量；宣传动员模型，通过宣传促进政策目标群体对政策的了解，使其对政策有基本的认知，以便政策执行者执行政策，使目标群体更快地接受政策；权威强制模型，通过权力和权威的强制力来推行政策；市场激励模型，是指政府在面对日益复杂的问题时，可以从市场激励的角度来执行政策。

就研究而言，我国学者更强调“政策执行”是一种过程，在这个过程中存在各种各样的研究途径或者原则。可以发现这里面仍有些许西方“行动学派”的影子，侧重从“整合路径”出发，理解和研究政策执行。在研究方法上，侧重理论研究，缺少实证研究。尽管如此，我国学者在“政策执行”领域仍取得了丰硕成果。学者张玉建构了我国地方政策执行的制度模式，从实证角度为执行研究开辟了新的道路。④

有学者将政策执行偏差类型分为政策被曲解、政策被截流、政策被部分执行等。然而，从政策执行偏差的原因来看，有学者认为是利益冲突、执行控制力弱、体制机制不完善、政策执行者素质低等造成的；也有学者认为要考虑政策制定、政策传播的失真、政策监督不完善等问题；还有学者从政策执行主体、政策执行背景、政策执行环境、政策执行客体等方面来探讨。

---

① 陆小成，张林军．公共政策执行中的政治资源开发与配置［J］．云南行政学院学报，2003（4）：25.

② 李丽红．浅析公共政策执行中价值理性与工具理性的冲突［J］．甘肃行政学院学报，2002（4）：29-30.

③ 陶学荣．公共政策学（第 2 版）［M］．大连：东北财经大学出版社，2009：211.

④ 李良云．政策执行研究述评［J］．湖南医科大学学报（社会科学版），2009（2）：78.

（3）关于政策执行偏差及矫正研究

王国红认为，“政策执行偏差常常出现，产生偏差的原因在于执行主体受到利益的驱使及执行机制内在的缺陷。因此，需要从相关利益群体入手，健全执行制度和机制，进一步完善政策创新等防范执行偏差”。[①] 刘玉蓉等认为，“可以运用委托代理理论对政策执行进行分析，从而找到政策执行失利的原因”。[②] 李荣华认为，“要从本质上区别创新和执行偏差现象，可从三个方面区分：一是是否以政策目标为取向；二是政策手段是否积极有效；三是执行结果是否产生外部不经济”。[③] 也有学者认为，“政策转变为法律是客观现实的必然要求，社会生活的复杂多变与发展，要求将具有长期稳定性的政策、对全局具有重大影响的政策、成功和成熟的政策立为法律，只有这样，才能更好地促进其完善”。[④]

（4）关于政策执行机制的构建研究

刘英茹认为，“沟通是政策执行中最重要的环节，要通过建立沟通机构和协调机制，进一步完善沟通手段和技术，同时减少信息失真的损失。信息的准确、真实是实现良好沟通的桥梁和基础，更是实现政策执行目标的关键”。[⑤] 丁煌认为，“政策执行最需要的是监督机制的建立，因为监督机制涉及政策执行的最终效率。需要从执行的透明度、监督机构的独立性等方面进一步完善执行机制”。[⑥] 另外，从社会政策实践可以发现，许多政策在执行中存在局部化、扩大化、停滞化等问题，其中，最重要的原因就是社会政策执行监督控制机制不完善、不成熟。因此，需要全面、多层次、多角度地构建社会政策执行的监督机制、建立健全多层次、多功能、内外沟通、上下结合的监督网络。[⑦]

---

① 王国红．论政策执行中的政策规避［J］．唯实，2003（2）：66-70.

② 刘玉蓉，定明捷．政府利益对政策执行的影响及应对［J］．湖北行政学院学报，2003（1）：73-76.

③ 李荣华．转型期公共政策执行中的政策规避与制度创新［J］．特区理论与实践，1997（12）32-34.

④ 陈振明．政策科学：公共政策分析导论［M］．北京：中国人民大学出版社，2003：167.

⑤ 刘英茹．论政策执行中的沟通与协调［J］．行政论坛，2002（2）：45.

⑥ 丁煌．提高政策执行效率的关键在于完善监督机制［J］．云南行政学院学报，2002（5）：7.

⑦ 宁国良．社会政策学概论［M］．湘潭：湘潭大学出版社，2010：243.

（5）社会政策执行中的自由裁量研究

政策裁量有一个自由度，自由度具体体现在以下两个方面：一是处于能作为与不能作为之间，也就是既没有规定可以做，也没有规定不可以做；二是为政策制定和政策执行留下可操作空间，让执行者有选择的余地。政策自由度，不是执行者胡乱作为的借口，致使政策目标不能实现，实践中经常表现为“你有政策，我有对策”。在政策执行过程中，执行机关和部门会考量政策对于自身的影响，当政策不符合当地发展逻辑或者经济发展思路时，一些执行者就会以敷衍、曲解甚至阻滞的方式执行；反之，则运用各种资源积极落实。

我国地方政府政策执行过程是在中央或上级政府的严格监管下进行的，但在政策执行过程中，地方政府的政策执行具有相当大的自主性和灵活性。为了适应中央和地方的协作与发展，中央向地方下放一批行政权力，进一步加强了地方政府政策执行的自主决策权。①

（6）关于社会政策执行效果研究

政策的执行既会产生直接效果，也会产生间接效果。政策的直接效果是政策执行主体要研究和解决政策问题及对机关、组织产生的影响与作用；政策的间接效果是指政策在执行过程中由非系统内作用导致的对其他组织产生的结果。影响政策效果的主要因素为结果和成本。政策在执行中产生的不同效果会对地方经济、政治、社会发展和地方政策产生不同的影响。追求较好的效果，是政策执行应达到的基本目标。②

以住房政策来说，政策的原本意图是在住房价格（或者租金）过高的情况下，通过行政措施管控房价从而缓解居民（尤其是贫困群体）的住房压力。然而，政策执行效果有可能达不到预期。例如，经济适用房政策实质上是对普通住宅价格实施管制。但是，有时候房租不仅没有下降，还出现房源短缺的情况；部分开发商为了收回成本，将部分税收转嫁给购房者，从而使房价不降反升。③ 何元斌认为，“从总体上来看，中国住房保障

① 胡象明．地方政策执行：模式与效果［J］．经济研究参考，1996（J6）：39.

② 胡象明．地方政策执行：模式与效果［J］．经济研究参考，1996（J6）：42.

③ 李文斌，牟家华．住房政策的局限性：政策的初衷与政策效果的背离［J］．城市住房，2006（2）：22.

政策与发达国家或地区相比，还存在覆盖面窄、保障对象定位不清晰、相关配套政策不完善、监督机制不健全等方面的问题”。[①] 马光荣在分析地方住房保障政策后，认为：“住房保障政策认定条件苛刻，缺乏对困难群体长期住房保障的规划等问题。”[②] 李国敏认为：“当前住房保障政策存在目标对象界定模糊、相关标准超标、保障机制不完善、保障功能失效等问题，应当重新考虑建构保障体系和框架。”[③] 马光红等认为：“由于廉租房资金投入不足，同时实物补贴房源较匮乏，导致保障覆盖面过于狭窄，准入门槛较高。一些开发商存在住房建设用地规划不合理、交通设施等配套措施不健全等问题，导致住房保障福利损失明显。”[④]

以教育政策来说，近年来，随着教育政策研究的兴起，以及教育决策的民主化、科学化要求，教育公平成为人们关注的重点。因此，制定一项教育政策的最终目的在于通过它的有效执行达到政策目标。然而由于环境、人文、制度等因素的影响，我国教育领域还存在一些问题，在教育政策执行中，出现执行活动及执行效果不理想，甚至与教育政策目标偏离的现象，学者将其称为“教育政策失真现象”。

以社会救助政策来说，各级政府的社会救助工作成效显著，但相关理论研究与实践工作表明，政府、组织执行主体、各级机关、目标对象之间仍然存在不同程度的矛盾。社会救助政策执行效果不佳还与“救助不及时”“过程不透明”“执行不公平”和“政策相互矛盾”等有关。相关研究提示，针对社会救助政策执行效果差应加强社会救助机构设置及人力资源配置、提高基层工作人员的专业化水平、建立社会救助信息系统等，进一步规范城市低保动态管理，努力做到对象准确、应保尽保。

---

① 何元斌．保障性住房政策的经验借鉴与我国的发展模式选择［J］．经济问题探索，2010（6）：32.

② 马光荣．城市低收入家庭住房保障问题研究：以镇江为例［J］．当代经济，2009（6）：35-36.

③ 李国敏．对我国城市住房保障制度的再思考［J］．创新，2009（8）：7.

④ 马光红，李宪立．建立健全保障性住房规划建设管理体制研究：基于廉租房的视角［J］．城市发展研究，2010（4）：64-68.

（二）政策转换相关研究综述

1. 国外政策转换相关研究

什么是政策转换，早期的公共管理和公共政策专家及学者并没有明确定义。最早涉及“社会政策”与“转换”两个词的是“二战”后期联邦德国学者伊蕾娜·迪克森（Irene Dikson）所著的《社会政策的计划观点——目标的产生及转换》一书。伊蕾娜·迪克森提出，每个有目的的、有意图的计划，如果对当前的和原有的情境满意，那么对未来能否持久或者是不受威胁就是一个问题。正如同如果所有的东西都是好的，那就没有必要改善是一样的道理。因此，是保护它、塑造它、改善它还是发展它就十分重要。在涉及后续情境中具体的、现实的目标构成和确立等因素时，随着新情境范围的扩大，依据未来而形成的观点并不一定是最初情境下的，新的概念可能都从新情境中产生。在这种目标构成以及目标发现和确立，形成决策和在决策中进行选择时，如何转换就成为必不可少的核心问题。①

政策转换研究的大致内容包含以下几个方面：一是环境政策转换。研究者通过回顾日本从 20 世纪 70—80 年代环境政策的领先到 21 世纪失去环境政策的优势地位，重新思考如何在 21 世纪更好地进行环境政策的创新，提升国际影响力。提出的方法是更好地减少国际交流的鸿沟、更好地进行文化互动与融合，通过政策转换使日本在环境政策领域的声誉崛起。② 二是教育政策转换。研究者重点讨论与分析了在全球化背景下激发和导致的教育政策转换，以及在全球化发展进程中如何影响教育政策的制定。通过两个专门的国际教育项目分析和整合教育系统，通过一种交互式的方式发现教育政策存在的问题，以及影响教育政策转换的相关因素，提出合理有效的举措。③ 三是社会服务功能转换。伴随着老龄化进程的加快，建立和

① 伊蕾娜·迪克森. 社会政策的计划观点：目标的产生及转换［M］. 杭州：浙江人民出版社，1989：146-148.

② TAKAO, YASUO. The transformation of Japan's environmental policy［J］. Environmental Politics, 2012, 21（5）：772-790.

③ DONNELLY, CAITLIN. Transformation of education policy［J］. Public Administration, 2013, 91（2）：506-532.

完善老年化社会服务尤为重要，通过对上海老年服务社区进行实证研究，揭示了当前服务中的角色定位和功能确定存在的一系列制约因素，提出了促进更加便利、多主体参与的政府与社会互动模式，无论是从上至下的角度，还是从下至上的角度，都使社会养老服务发生了理念和方式上的转换。①

2. 国内政策转换相关研究

"转换"一词《辞海》并未收录，一般情况下可理解为"转变、转化、改变、变换，从一种能量形式到另一种能量形式"。从对该词的使用来看，更多地应用于理工科。笔者在"中国期刊全文数据库"中进行搜索，发现篇名中含有"政策 & 转换"，年限从"1990—2014 年"的文献有 260 篇。通过对这些文献进一步梳理，大致可以将转换的相关研究分为以下几种。

第一，结构转换，主要分析并研究社会系统各要素在主体和空间上的变化。社会结构的转换与生产力的发展以及社会物质财富密切相关，而这些变化的最终因素取决于生产关系的调整与变革以及相关政策在空间和实践层面发生的与社会形态相一致的变化。

第二，模式转换。杨勇刚博士从农村的社会福利政策角度入手，以农村的土地制度发展演变为切入点，从社会救助、医疗、教育、养老四个方面研究和阐释了农村福利政策从生存到发展、从单一到多元、从家庭到社会的模式转换。② 桂大一博士从经济发展模式角度入手，提出对中国市场经济模式的转换动力、转换路径进行创新的必要性。③

第三，功能转换。在面对社会转型提出的挑战和问题时，政府公共政策必须积极回应并做出创新。新的政策不断产生，这既是突破旧的框架解决问题的思路，也是在培育一种新的政策动力，是转型期的客观现象。如何面对多元化、全球化的社会转型，需要寻找一种政策的平衡点，决定了

① YU KAI, ZHU HUI. Functional transformation and policy Innovation: The experiences, problems and countermeasures of the Urban Community Elder Care Service System in Shanghai [C]. Proceedings of 2012 International Conference on Public Administration (8th), 2012 (2): 169-175.

② 杨勇刚．中国农村社会福利的发展与模式转换研究 [D]. 武汉：华中师范大学，2012.

③ 桂大一．中国经济体制模式转换研究 [D]. 武汉：武汉大学，2011.

必须从政府的价值定位、职能方向等方面进行转换。①

第四，机制转换。杨正刚在《论市场经济条件下我国农村政策运行机制的转换》一文中提出，当前我国某些农村政策已经不能完全适应市场机制的需求，要使农村政策运行机制适应发展需求，必须按市场需求进行政策转换。②

第五，政策转换。赵登辉分析了现阶段国家实施的土地政策对农户生产生活的影响，其以土地利用为切入点，提出了改革当前经济体制、增加农业投入等政策转换的路径，以期实现土地的可持续发展和利用。③ 周满生和陆瑜在《聚焦 21 世纪人才基本技能的培养——美国的政策转换与实践》中指出，进入 21 世纪以来，社会各层面都要求人才具备一定的知识和技能，原有的人才技能教育已不适应时代的步伐，因此计划在不同州根据自身情形制定和实施人才培养方案。这种及时的政策转换与实践对 21 世纪人才技能教育具有积极借鉴作用。④ 莫志斌通过分析新中国成立以来党就非公有制经济从思想认识到实践政策上的突破、前进和飞跃，非公有制经济的被允许、动摇、否定、解冻、发展五个阶段的过程，认为“这个不断深入、不断前进与不断发展的过程，根本原因在于政策转换，而政策转换就要不断与时俱进、解放思想、认知规律和着眼发展”。⑤

如果社会政策是解决社会问题的准则，那么政策转换就是为了达到政策意图和政策目标的具体方式。社会政策作为社会结构和社会关系相互作用的产物，对于进一步推动社会发展和人类进步具有积极意义。对于整个社会发展而言，社会政策目标的实现与否决定了政策转换在整个社会参照系中的实践作用，以及在社会具体情境下以价值取向和发展取向为基础进

① 唐贤兴，王竞晗．转型期公共政策的价值定位：政府公共管理中功能转换的方向与悖论［J］．管理世界，2004（10）：47-56.

② 杨正刚．论市场经济条件下我国农村政策运行机制的转换［J］．湖南商学院学报，2004（3）：39.

③ 赵登辉．土地可持续利用与农业政策转换研究［J］．农业环境与发展，1998（1）：1-5.

④ 周满生，陆瑜．聚焦 21 世纪人才基本技能的培养：美国的政策转换与实践［J］．北京大学教育评论，2009（2）：110-117.

⑤ 莫志斌．论建国后党对非公有制经济的认识与政策转换［J］．怀化学院学报，2005（3）：28-33.

行的运作。

对于社会政策而言，本质就在于目标的实现，以及在实际背景下政策执行的转换。因为这些行为在整个社会政策执行过程中都是为了一系列的目标、计划和意图，但是，在执行当中，不见得所有的活动都能够计划好，所谓“计划赶不上变化”。因此，政策转换是某个时代或背景下具有一定价值与目标取向的社会行动的积极产物。

三、研究框架

（一）概念界定

1. 政策

学者伊斯顿主张从权威性的角度来界定“政策”的概念，强调政府对价值领域的控制。这一概念界定下的政策执行，人们看到的是权力“自上而下”的政策执行过程，即政府部门分配价值的过程，也就是进行组织设置和资源调配，采取各种手段来使政策对象服从政策所设定的规则，并最终实现政策目标。①

学者科尔巴奇从不同的角度定义了“政策”的概念，在科尔巴奇看来，政策是应用到具体环境中的，需要不同的参与者共同作用，政策不单是官方的目标，还是众多参与者维护现存秩序和权利的工具。②

传统的政策执行研究过多基于政府权威的视角，分析执行主体、执行客体、利益相关者如何参与并贯彻执行政策。本书选用科尔巴奇对“政策”的定义，基于政策参与、互动、协调、合作对政策执行过程进行探讨。

2. 政策执行

20世纪70年代，Charles O. Jones 提出：“政策执行是与组织、解释和实施相结合的活动总称。”③ 政策研究者林水波和张世贤认为：“政策执行

① 伊斯顿．政治体系：政治学状况研究［M］．北京：商务印书馆，1993：122.

② 科尔巴奇．政策［M］．张毅，韩志明，译．长春：吉林人民出版社，2005：21.

③ JONES C O. An introduction to the study of public policy［M］. 2nd ed. North Scituate, Mass: Duxbury Press, 1977: 139.

是一种组合相关要素、扮演管理角色，进行适当裁量，培养士气、化解冲突，从而实现特殊政策目标的动态过程。”[①] 公共政策专家陈庆云把政策执行界定为：“为了实现政策目标，将政策内容转变为现实的动态过程。”[②] 学者桑玉成等认为，政策执行“就是通过积极的行为使政策方案付诸实施的过程”。[③]

虽然人们对于政策执行的界定和解释各不相同，但是都揭示了政策执行的动态本质。因此，对于一项任务而言，只有实现了最终目标，并取得了一定的政策结果，才能算是真正的执行。政策执行是要运用各种工具和手段，根据政策目标不断调适行为模式的过程，是各种执行活动和行为的总称。为此，本书将政策执行界定为：指令、组织、解释和应用相互协调进而实现政策目标的过程。

3. 政策转换

“转换”意指改变、改换，从一种形式到另一种形式。政策执行是一种动态过程，结果可以预期也可能无法预期。中央政府和地方政府在执行政策过程中各自扮演的角色是不相同的，地方政府基于裁量的权力出台合理可行的规定，完成中央任务、实现政策目标。然而，实践中个别地方政府违背中央政府的要求，造成恶劣影响。本书将政策转换定义为：在中央与地方政府分权体制下，地方政府在执行中央政府确定的政策过程中，受利益、制度、环境、资源等诸多因素的影响，为更好地实现政策目标或自身利益而在政策执行中对原有的政策做出的更改、加载甚至否定。这种改变会导致两种不同的政策结果：一种是在政府强制力的影响下，按部就班地执行；另一种是政策执行发生偏离。政策执行偏离又会出现两种不同的政策结果：一种是政策执行梗阻（政策执行的负向价值）；另一种是政策创新（政策执行的正向价值），对原有政策的消化吸收并优化，合理合法、适当适时地运用地方政府的裁量权实现中央政府确定的政策目标。

---

① 林水波，张世贤．公共政策［M］．台湾：台北五南图书出版公司，1982：258.

② 陈庆云．公共政策分析［M］．北京：中国经济出版社，1996：232.

③ 桑玉成，刘百鸣．公共政策学导论［M］．上海：复旦大学出版社，1991：146.

4. 社会政策的决策和制定

管理学家西蒙认为："管理就是决策。"① 美国《现代经济词典》解释为："决策是指政府或企业在确定政策和执行过程中进行的一系列行为，主要包括信息的搜集，以及听取相关建议和借鉴可供选择的方法或活动。"② 传统意义上的决策是指管理者或者社会组织通过制定不同的组织和行为方案，根据设定的最终目标，不断选择优化的过程。基于此，本书将社会政策的决策界定为：中央政府针对出现的社会问题依据客观程序，提出统一、宏观的目标，并选择政策方案的过程。

学术界普遍认为，正是重大事件形成了触发机制，从而使政策之窗打开，完成政策议程的设立，政策问题被确定并提上政策议程，接下来就是要确定如何制定政策。一般情况下，政策制定是指政策行动主体基于对政策问题的分析、研究，经过民主程序和方式，运用相关技术提出解决问题的办法或方案。本书将社会政策制定界定为：地方政府根据中央政府提出的社会政策宏观方案，运用相关资源和手段，遵循价值原则和标准，拟定政策方案的过程。

（二）研究问题

随着市场经济的发展，政治、经济、阶层发生了巨大变化。在深化体制改革中，出现新的矛盾和冲突。旧的社会问题尚未得到解决，新的社会问题涌现，这样的时代背景为管理学研究提供了丰富素材。自改革开放以来，我国各领域的政策在执行中都或多或少存在"上有政策，下有对策"和"有令不行，有禁不止"的问题，没有达到政策制定的预期效果，导致政策目标无法有效达成。

因此，"上有政策，下有对策"成为时代发展中一个重大理论问题和不可回避的实践课题。与此同时，大量的政策过程研究也使实践中存在的

---

① 西蒙. 管理决策新科学［M］. 李柱流，译. 北京：中国社会科学出版社，1982：33.

② PAMELA S. LEWIS，STEPHEN H GOODMAN，PATRICIA M FANDT. Management：Challenges in 21st century［M］. Illinois：South-Western College Publishing，1998：255.

许多问题凸显，如基层执行人员的自由裁量权、利益共同体、政策的变通等。[①] 在社会政策执行路径选择上，尽管我国采用了较成熟的“自上而下”和“自下而上”相结合的双重路径模式，但在解决社会问题的同时，尚存在一些弊端，社会利益依然没有得到很好的表达。在社会政策领域，社会政策资源浪费、社会政策不均衡发展、社会政策不公平等问题依然存在。

政策是政府解决社会问题的重要工具和手段，其有效性体现在解决社会问题的效果上。不同层面社会问题不是一成不变的，需要不断地进行政策创新和管理改革，以保证政策的有效性和管理的灵活性。随着管理程序的明朗化、有序化，行政决策的科学化、民主化，政策制定的失误概率正在不断降低，而政策执行中的问题却在增加。不少重大社会问题都属于政策执行范畴的问题。政策的制定与执行是一个统一的过程，政策的制定是好的，如果执行不好，也会无法落实。要保持政策的有效性和完整性就必须使政策得到很好的执行，在很多情况下，政策在执行过程中总被扭曲或者曲解，从而导致政策偏离目标，造成人力、物力、财力的极大损失。

综上所述，从地方层面来看，地方政府在政策执行过程中总会有新的政策解读或者“策略空间”，以实现自己的意图和目的。长时间来看，这种对于政策文本的新注解和改变，可能会形成政策执行部门和政策对象的共谋，本书将这种策略和改变称为“转换”。为此，本书研究的问题主要有以下几个：一是为什么地方政府会发生政策的执行转换；二是地方政府在执行政策过程中具体是如何操作的，有什么样的执行模式；三是在政策执行过程中怎样实现转换，形成了什么样的模式；四是地方政府的政策转换是如何促成政策创新的。

（三）研究思路与方法

本书的研究思路如图 1-1 所示。

---

① 王思斌．社会政策实施与社会工作的发展［J］．江苏社会科学，2006（2）：49-54.

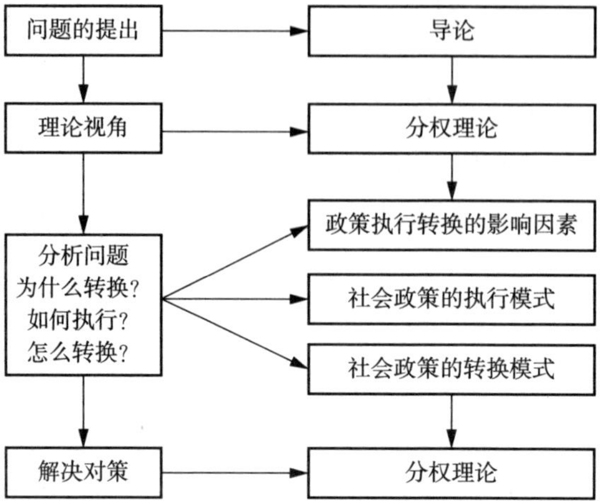

图 1-1　研究思路

1. 研究思路

本书的结构安排如下。

第一章为导论，主要研究转型期中国社会政策执行研究的缘由、意义以及相关概念的界定，并在此基础上梳理了国内外学者的相关研究成果，阐明了本书的研究思路、研究方法与创新之处。

第二章为转型期中央与地方的分权，主要分析分权理论视角下中央政府与地方政府的相互关系及其影响因素。

第三章为转型期中国社会政策执行模式，主要研究转型期的中国社会政策制定以及特征，总结中国社会政策的执行模式。

第四章为转型期中国社会政策执行分析，主要以教育政策、住房政策和低保政策为例分析中国社会政策的执行类型、影响因素以及结果。

第五章为转型期中国社会政策执行转换分析，主要以教育政策、住房政策和低保政策为例分析地方政府社会政策执行的转换模式。

第六章为中国社会政策的创新。本章是全书的逻辑归宿，着力于政策执行转换的路径设计，以地方政府执行转换作为中国社会政策创新的基础，研究政策执行转换中的创新因素和中国社会政策的创新取向。

2. 研究方法

本书借鉴了国内外大量研究资料，运用管理学、政治学、社会学、经济学、行政学等相关学科知识，采用了以下研究方法。

（1）文献法

文献法是一种通过收集文字、符号、图画、数字等形式的文献资料，分析各种社会现象或社会行为的研究方式。① 本书运用文献法搜集中国转型期政策执行的相关资料，为论述奠定基础；提炼基本分析框架，通过分析相关领域的政策执行情况，把握政策执行的基本规律和模式，提出可行的路径设计和发展方向。

（2）比较法

从纵向上来看，地方政府政策执行经历的变迁，有其特定的历史背景、渊源和发展趋向。因此，只有将其融入特定的范围和时代背景加以分析、考察与研究，才有可能对其发展过程有清晰的认识，对其发展趋向有准确的预期和判断。只有了解背景，才能真正理解中国转型期的社会现状、发展形势和价值取向及路径。从横向上来看，通过对发达国家政策执行理论和实践的分析，并对其进行横向比较，取人之长、补己之短，为优化我国转型期社会政策执行提供参考。

（3）文本分析法

文本分析法是以文字、图形、符号、音频、视频等形式的资料作为分析对象，属于质性分析形式。本书主要运用“政策文本分析”，亦即按研究的需要，对一系列相关政策文本进行比较、分析、综合，通过定性分析找到或者揭示文本的隐性信息从而提炼出评述性内容。

（4）规范分析法

规范分析法属于理论价值分析，注重的是价值，侧重于事物的本来面目。分析地方政府的政策执行模式，离不开理性和规范的思索。本书通过梳理、分析西方相关政策理论，从中吸取有益的营养分析和回应当前我国地方政策执行中面临的问题。基于此，本书采用了规范分析法。

（四）创新之处

本书的创新点主要体现在以下两个方面。

---

① 风笑天．社会学研究方法（第2版）［M］．北京：中国人民大学出版社，2005：224.

第一，提出中国社会政策的执行模式。通过分析西方政策执行模式，发现西方的模式并不能解决中国政策执行中存在的问题。本书在一定程度上修正了西方的政策执行模型，自由裁量权的存在，使政策执行存在灵活性，从而总结了中国社会政策的执行模式。

第二，提出中国社会政策的转换模式。从现有的研究成果来看，学者大都侧重于执行模型分析和执行梗阻分析，少有聚焦中央与地方政府关系的政策制定和执行。本书从分权理论下的中央与地方政府关系入手，分析了中国社会政策执行梗阻与偏离中的创新部分，并将两种因素作为执行转换的结果。可以说，实现政策目标，重点是构建政策转换模式，实现政策创新。

第二章 转型期中央与地方的分权

一、分权理论的视角

(一) 中央与地方的关系

自国家产生以来，最重要的问题就是中央政府与地方政府的关系，这是一个国家体制结构中最重要的环节。广义上的中央政府与地方政府关系是指中央政府与不同层级地方政府主体之间的关系，关键是权力与利益在不同层级的分配。随着市场经济体制的逐步完善，中央政府可以通过行政手段引导相关组织，投入大量的财力、物力和人力资源促进经济发展与社会进步。在推动经济快速增长方面，地方政府做出了积极贡献，是推动我国经济发展的一个重要的“内生性变量”。①

中央政府与地方政府的关系是中国社会转型中的一个核心问题，国内外学者对此十分关注和重视，各学科对其的研究如表 2-1 所示。

表 2-1　各学科对中央与地方关系的研究

学科分类	研究主题	主要观点
经济学	研究财权事权配置对中央与地方的影响	中央与地方应保持权力均衡，避免中央权力集中和地方分权
政治学	集权与分权	选择性集权，合理分权
管理学	治理二者关系	央地分权框架建构
法学	强化中央与地方法治建设	强调宪法层面的央地关系

资料来源：笔者整理。

20 世纪 70 年代以后，在政策制定过程中地方政府的影响开始显现，

① 周伟林. 中国地方政府经济行为分析［M］. 上海：复旦大学出版社，1997：85.

而根源就是分权。分权是制度化发展的前提和基础，中央政府与地方政府之间的分权逐渐形成新的协作、共存、创新关系，为制度化发展提供了有力支撑。从某种程度上讲，市场与政府的分权可以称为“第一次分权”，而中央政府与地方政府之间的分权则可以称为“第二次分权”。[①] 第一次分权是第二次分权的前提和基础，第一次分权的不彻底性影响第二次分权的有效进行。分权有利于经济和政治改革的制度化，使中央政府和地方政府相互沟通、交流，形成共同获益的新模式。黄书亭和周宗顺认为，在构建社会保障中，划分中央政府与地方政府的权责、利益有三大意义：一是更好地提供公共产品和服务，二是进一步实践和完善“分税制”，三是实现最大收益比率、实现资源最优配置。[②]

对中央政府而言，分权仅仅是一种手段，不会破坏中央政府的原则。中华人民共和国成立以来，中央政府与地方政府的集权和分权一直是推动历史前进的动力，中央政府依据自身的目标取向，不断做出尝试。毛泽东曾经说过：“我们这么大的国家，人口多 、情况复杂，扩大一点地方的权力，给地方更多的独立性，让地方办更多的事情。这对我们建设强大的社会主义国家比较有利。我们的国家这样大，人口这样多，情况这样复杂，有中央和地方两个积极性，比只有一个积极性好得多。”[③]

在20世纪80年代初期，分权改革进一步发展，地方政府除了享有财政和经济上的权力外，在行政权力方面不断扩展。因此，地方政府成为除中央权力机关以外的次级中心，随着权力和地位的提高，地方政府成为一个既要面对中央政府，又要面对地方区域，具有双重性质的凝聚点。地方政府作为推动经济发展的重要力量，既需要中央政府的支持，也需要地方的支持。中央政府通过特殊的激励机制使地方政府兼顾两种责任，即既要对中央政府负责，又要对地方经济利益负责。在这样的背景下，中央政府不仅希望能够调动地方政府的积极性，而且希望地方经济繁荣且提高对中

---

① 鲁全．转型期中国养老保险体制改革中的中央与地方关系研究：以东北三省养老保险体制改革试点为例［M］．北京：中国劳动社会保障出版社，2011：49.

② 黄书亭，周宗顺．中央政府与地方政府在社会保障中的职责划分［J］．经济体制改革，2004（3）：19-22.

③ 毛泽东著作选读编辑委员会．毛泽东著作选读［M］．北京：人民出版社，1988：729-730.

央的财力贡献，从而缓解当时中央政府的财政压力。

在20世纪80年代后期，地方政府的角色和行为进一步发生变化，在进一步下放财政权力的同时，中央政府对地方政府的行政管理体制进行新的调整和安排，最重要的一点是人事制度的改革，地方行政官员的政绩和政治前途与地方经济相互关联，从而使中央政府和地方政府形成调控与协调的关系。从国家结构的历史变迁可以清晰地发现，中央政府严格控制人事制度，对地方政府的行政管理权限进行约束和监督。这种关系在一定程度上不仅避免了地方政府权力膨胀，而且避免了地方发展的动力约束。

从20世纪90年代开始，世界范围内掀起了一场以转型为主的改革浪潮，东欧、东亚、南亚、拉美等一些国家先后进行了不同程度的市场化改革。[①] 中央与地方政府的财政关系和行政关系，是应该按照法律规定进行安排配置的问题，然而在实际情境中往往不一定相同。1994年，我国首次建立分税制财政管理体制，在我国财政发展史上具有里程碑式的意义。分税制的主要内容包括按照税种划分中央和地方财政收入的范围，按照中央政府与地方政府的事权划分中央和地方财政支出的范围，分设中央与地方的税务机构，按统一比例确定中央财政对地方税收的返还基数，实行过渡期转移支付制度，等等。[②] 实行分税制以后，用列举的方法划分中央政府和地方政府的财政支出范围，同时划分了中央政府与地方政府的行政管理事务。但是，这种以财政支出为主线的政府间分权受到了传统官僚体制的影响，存在不清晰的区域和范围，事权不断下移、地方政府支出责任和压力更大。伴随着新时期的改革浪潮，中央政府与地方政府的权责内容逐步清晰，地方政府进一步融入改革决策过程中，中央政府与地方政府的关系变迁对整个政策过程产生重大影响。

中央政府与地方政府趋向合作性博弈，“在中国的中央政府与地方政府关系中，单一制的国家结构形式决定了中央政府是地方政府权力来源，

---

① 梅尔，劳赫．经济发展的前沿问题（第7版）［M］．黄仁伟，等译．上海：上海人民出版社，2004：70-72.

② 鲁全．转型期中国养老保险体制改革中的中央与地方关系研究：以东北三省养老保险体制改革试点为例［M］．北京：中国劳动社会保障出版社，2011：60.

中央政府在行政事务上拥有最高和最终的决定权”。[①] 中央政府与地方政府围绕三种资源进行博弈：行政控制、制度设计和人事制度控制。行政控制是中央通过强制力向地方政府发出行政指令，要求地方政府遵循中央政府的意愿行事。中央政府制定政策，地方政府负责执行，是一种典型的行政控制。从理论层面来看，地方政府应当遵从中央政府的命令，把握政策指令的核心，完成中央政府下发的任务。

制度设计是指中央政府通过成文的规则来约束地方政府，通过行政权力约束相关组织的行为。中央政府拥有制定政策及条文解释权，也拥有制定行政法规的权力，通过这些权力可以有效地对地方政府进行约束和控制。对于有重大失误的地方行政官员，中央政府有权力撤职、免职、调职、处分甚至终止其政治生命等，以维护中央政府的权威。

与中央政府拥有最高决策权不同，地方政府对于一些非体制内经营具有管制权，这种权力的获得与地方政府是最基层的权力执行机关有关。地方政府以资源和相关优势向中央政府申请，通过对政策的重新界定等行为，对中央政府的行政命令和控制进行权力分散，以新的形式或内容执行。另外，地方政府凭借掌握第一手基层信息的优势，有时甚至采取隐瞒、欺骗、虚报信息的方式来逃避中央政府的监管。

就制度变迁来说，尽管立法权和行政权归属中央政府，但是特殊体制下存在的不确定性和动态性，地方政府可以在中央政府不涉及或没有成形的领域以创新的名义进行改革。当改革取得成效甚至传播到其他地区，并得到效仿和借鉴，形成示范效应以后，中央政府会做出让步，甚至以试点和默认的方式予以肯定。当中央政府无法确定未来环境状态，只能设计一整套规划方案时，地方政府可以充分运用方案的空间余地进行探索和试验。

就人事控制来说，中央政府可决定地方政府的人事任命，但是地方行政官员会采取机会主义的做法，从中央政府狠抓的地方入手，注重中央政府传达的信息，而对其他现实问题视而不见，这种投机可确保地方行政官

① 沈荣华．中国地方政府学［M］．北京：社会科学文献出版社，2006：51.

员考核达标，彰显他们的政绩，却可能导致严重的后果。当地方行政领导出于这样的考量时，政策将得不到落实，是地方政府不服从中央政府的具体体现。可以说，地方行政官员的政治生命最终决定于中央政府手中，这与官僚制组织特性有关。官僚制本身就是一个不同等级、多层次类似“金字塔”形状的科层组织，上下级之间是严格的等级关系。韦伯在研究官僚制形态时认为，“典型官僚制下的官僚，是由上级任命的，由被支配者选举出来的官僚，再也不是一个纯粹的官僚类型”。同时他指出，选举出来的官僚对其上级而言，具有一种自主性，因为其地位的彰显主要来自下级，而非来自官僚层级中的上级，其政治前途也并非取决于其所在的行政体系中的上级。① 在现实中，在行政体制改革中，地方政府与中央政府存在一种博弈，在政策执行出现一系列外部效应时，地方政府会将其转嫁给中央政府，致使中央政府重新考虑政策的制定。因此，中央政府对地方政府进行控制，地方政府也会实施一些反控制措施，相互博弈导致了一些政策执行中的问题，从而不断推动政策执行的创新。

（二）中央和地方分权模式与特点

中央政府和地方政府的分权是建立在一定的国家结构形式基础上的，具有鲜明的国别特征。有学者认为，“所谓国家结构，是一个国家的中央与地方机关、国家的整体与部分的组成关系。国家结构形式说代表的纵向的国内政府间关系，是国内政府间关系的中轴，直接决定国内政府间纵横关系的格局和运作形式”。② 历史经验告诉人们，在逐渐迈向现代化的国家中，中央政府的引导作用至关重要，主导着国家的未来走向。对于迈入现代化行列的国家来说，建立强大的中央政府是历史的必然。发达国家在市场化和现代化进程中、在国内与国际环境中取得了巨大收益；而对于发展中国家来说，现代化和市场化过程中不仅面临来自发达国家的巨大压力，还要面临来自全球化和本土化的压力。因此，要不断通过改革增强政府能力，促进社会健康稳定发展，在尝试和创新中选择使自身优势最大化的发展之路。

---

① 韦伯．支配社会学［M］．康乐，简慧美，译．桂林：广西师范大学出版社，2004：26-27.

② 林尚立．国内政府间关系［M］．杭州：浙江人民出版社，1998：3.

1. 联邦制分权模式及其特点

联邦制是由多个共和国或者州按照一定的规则组成的联合体国家。18世纪八九十年代，在北美大陆出现了第一个现代意义上的联邦制分权国家——美国。当今世界200多个国家当中，联邦制国家占1/10左右。在联邦制国家体制内部，中央政府与地方政府之间存在着复杂的沟通、交流、互动的结构、程序、机制以及制度。虽然联邦制国家各有不同的文化背景、环境、条件，但是联邦制国家有一种统一性，就是寻求中央政府与地方政府之间的和谐共处、有效衔接——联邦制分权。联邦制分权模式是一种推行时间长、发展成熟的典型模式。联邦制分权模式最典型的国家莫过于美国，美国50多个州，地方性事务由地方自治管理，州的事务由州政府管理。中央政府与地方政府所拥有的权力由法律制度明确，所有纵向权力都是由宪法所规定；中央政府与地方政府共同处理各自权限范围内的事务，二者相互渗透、相互交流、相互依赖、相互合作和协调；当中央政府权力扩张时，地方政府的职能同时不断增强，在各自的范围内平行运行，互不干涉、互不混淆。

2. 单一集权模式及其特点

单一集权模式最典型的国家莫过于法国，1981年密特朗上台以后，法国经历了一场暴风骤雨般的分权改革运动，公众对民主选举的呼声日益高涨，中央政府与地方政府的界限开始显现。但是这种央地关系没有迅速改变中央政府对地方政府的高度控制，反而在某种程度上发挥了“催化剂”的作用。法国的分权改革运动获得了巨大胜利，1986年法国第一次在各大区直接普选，1992年通过了《共和国地方行政法》。地方政府的地位逐渐提升，包括行政、财权、法律等方面，效率、民主、自由大步向前，法国进入了新的发展时期。法国宪法明确规定，法国主权权力在中央政府，地方政府只行使中央政府让与、委托的权力。地方政府的权力仅仅是中央政府赋予的一种自治权力，且不允许地方自治违反国家相关法律规定，不能损害国家利益，未来的发展趋势是通过法律、财政、行政等因素来影响和控制地方，保证权力的统一。法国的发展模式在一定程度上促进了分权，从而使地方政府分权运动进入一个新的阶段。法国地方政府在权力的扩张方面表现出三个特征：一是职权向地方政府转移；二是中央政府按照计划、有目的地向地方政府转移职权；三是地方政府权力与财政扩展基本同步。[①] 法国的模式和经验传播并影响了一些近邻国家，同时向亚洲地区传播。对于那些具有不同文化、经济、政治环境的国家来说，分权可以参考和借鉴法国的模式。

3. 单一分权模式及其特点

自秦朝统一天下，虽然经过几千年的历史涤荡，集权和统一始终是导向。“地方政府虽然具有一定的权力，但是这些权力只是在行使中央政府指派的任务而已，因此，‘这种分权只是权力的一种委托或代理而已’。”[②]

中央集权向地方分权这个过程不可逆转，但总会遇到各种阻力，在计划经济体制下放权并不容易，改革者需要通过“试错法”进行实践。改革开放以后，地方政府的权力逐渐扩大，中央政府为了调动地方政府的主动性，在投资、计划、外贸、财政等方面向地方政府下放权力、分解指标，特别是1980年开始实行的各种形式的财政包干制，使地方政府的财力和财权大大提高，地方分权制得到了前所未有的发展。更重要的是，地方分权制的发展与经济的市场化紧密结合在一起，成为推动改革开放和经济发展的强大动力。

改革开放以前，地方分权主要是以计划经济为基础开展。不论地方政府的实际权限有多大，都受中央政府控制，地方政府权力的下放与回收，权力的集中与分散都由中央政府决定，在计划经济时代，行政主动权和决定权掌握在中央政府手中。改革后的地方分权建立在货币关系基础之上，原有的财政体制被打破，市场化机制的推行，使地方政府开始独立发展并具有了利益目标，中央政府与地方政府的关系发生了重要变化，不再是单纯的隶属关系或者上下级关系，一定程度上成为一种委托代理关系，以及契约关系。同时，中央政府与地方政府在目标上具有不同的指向，传统体制基础上形成的多元结构和机制，需要不断推动发展，地方政府在这方

---

① 杨小云，邢翠微．西方国家协调中央与地方关系的几种模式及启示［J］．政治学研究，1999（2）：30-39.

② 林尚立．国内政府间关系［M］．杭州：浙江人民出版社，1998：43.

面，发挥了积极作用，具体如下。

第一，随着地方分权的展开和深化，原有的“大锅饭”体制被打破，调动了地方政府的发展主动性，特别是早期中央政府对沿海地区的支持使沿海地区经济高速发展，这为其他地方经济发展提供了借鉴。

第二，地方分权的推进改变了政府组织的内部结构、信息结构和利益结构，弱化了集中决策、增添了分散决策、降低了“自上而下”的管控程度、加强了与市场的沟通联系，简化了决策的相关程序、提高了工作效率。同时抑制了传统体制中的不良影响因素，减少了主观主义和集权主义的随意性，降低了决策风险。

第三，为“自下而上”的创新改革提供了空间。中国渐进式改革的成功经验是各地区从自身实际出发，在政策范围内大胆创新，积极推进试点工作。地方分权进一步推动了地区之间的竞争，强化了市场的重要性。同时，调动了政府推动经济增长的主动性，强化了政府在制度改革及政策创新中的关键地位和作用，从而降低了改革成本，推动了市场经济的健康稳定发展。

（三）影响中央与地方互动的因素

中央政府与地方政府具有各种互动模式，在不同历史发展阶段，中央政府与地方政府的关系会发生相应变化。导致这些变化的因素主要有：政治利益因素、经济利益因素、地方政府的机会主义因素和政策外部性因素。

第一，政治利益因素。有学者认为，“政府关注的目标可以概括为四个方面：维护统治、保障民族利益、制度偏好和其他具体目标”。[①] 对中央政府来说，维持国家的统一稳定、维持政府统治是首要目标，在央地关系上，地方政府隶属于中央政府管辖，中央政府合法性的取得并不来自地方政府，双方的权力关系总是呈现单方向传递。中央政府将自己的意志变成公共政策，从而维持统治。这种体制迫切需要公众的支持，而这与地方政府密切相关，只有地方政府及时向上传递信息，中央政府才能了解基层民

① 曹红刚．政府行为目标与体制转型［M］．北京：社会科学出版社，2007：77.

众的需求，以维持政治的稳定。基于地方行政官员数量庞大，中央政府在治理时，要统一思想、提高地方官员贯彻执行中央政策的觉悟。同时，由组织理论可知，当组织规模庞大时，控制总是困难的。因此，如何使地方政府更好地执行中央政策是中央政府要解决的重要问题。

第二，经济利益因素。经济增长既能促进就业、提高人民生活水平，又能提升一国在世界上的地位。中央政府通过促进地方经济发展来增加财政收入，地方政府则通过企业收取各种税收等。中央政府不是通过直接管理企业获得收入，而是由地方政府上缴税收和费用。中央政府与地方政府的最终目标和根本利益一致，都是为了发展生产力，提高人民的生活水准，促进社会向前发展。地方政府要以中央政府利益为前提，但当中央政府与地方政府的利益相左，就会体现出自利性和差异性。各级地方政府一般能够很好地执行中央政府的各项政治、经济政策，但是当地方政府在利益分配上不认同中央政府的决策时，就会出现选择性执行。

第三，地方政府的机会主义因素。机会主义普遍存在于社会的各个层面。制度经济学理论认为，现实中的各种契约或者合约不可能完美，只要存在漏洞，机会主义就会产生。就中央政府与地方政府的关系来说，地方行政官员政治上必须与中央政府保持一致，但是个人利益最大化是其基本出发点。因此，得到中央政府的肯定和褒奖是地方行政官员的目标，也是地方政府获得经济投入、财政投入，以及个人政绩提升的主要因素。中央政府与地方政府的目标存在差异。地方政府在执行中央政府决策时，如果晋升的可能性低，或者通过政绩可以得到利益，机会主义便会出现。中央政府的主要目标是希望地方政府可以认真贯彻落实中央的各项政策，促进当地经济发展；而地方政府常以能否在短期内提高经济发展数据，显示政绩为目标。因此，地方政府会选择短期内刺激社会消费、拉动经济发展的方式来增加地方财政收入，较少关注由此带来的负面效应。

第四，政策外部性因素。外部性理论可以溯源到斯密，而“外部性”概念源于马歇尔（Thomas Mashell）1890 年在《经济学原理》中提出的“外部经济”概念。作为最早在经济学领域使用的工具，外部性因素已经推广到公共管理领域。根据外部性的社会效应，可以分为正外部性和负外部性。经济学中的外部性是指在市场经济领域中个体行为与结果的一种相互关联，这种关联可能具有正外部性效应，也可能具有负外部性效应。对于中央政府来说，出于整体性社会治理目标，要对各地出现的负外部性效应进行综合管理。当出现负外部性效应时，地方政府可以将责任推卸给政策，从而将治理成本等转移到其他地方政府或者中央政府。中央政府居于科层体制的最高层，为此要承担所有责任。从政策制定的角度而言，因为可以将这种负外部性转嫁，地方政府在某种程度上更热衷于这种政策的实施。

（四）国外的政策执行模式

20 世纪 70 年代中期后，政策研究学者从不同角度对影响政策执行的因素和环节进行分析，形成了不同的政策执行模式。政策执行的多因素、多环节导致了其在中央与地方关系中的复杂影响，政策执行既是实现政策目标的唯一途径，又是检验政策方案正确与否的根本标准，还是后继政策制定的依据。在动态的政策执行过程中，往往受到政策方案、执行机构、执行人员、执行对象、执行资源、执行环境等一系列因素的影响。本书选取史密斯政策执行过程模型和 M. L. Goggin 的政策执行府际沟通模型作为参照。

史密斯是最早提出建构政策执行因素及其过程模型的学者，他于 1973 年设计了一个描述政策执行过程的模型（见图 2-1）。

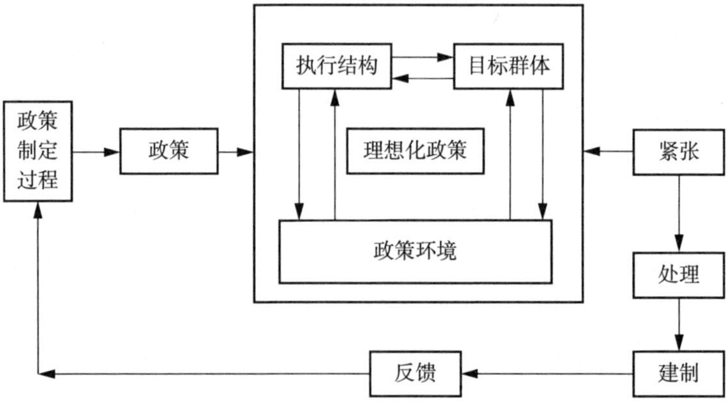

资料来源：SMITH T B. The policy implementation press［J］. Policy Sciences，1973，4（2）：203.

图 2-1　史密斯政策执行过程模型

史密斯认为在政策执行过程中，决定执行目标能否实现的因素有四个：一是理想化政策。理想化政策主要指政策目标是否符合实际，政策内容是否严谨。二是执行机构。执行机构主要指负责政策执行的政府部门和相关单位，包括机构内部人员的领导方式、工作技能等。三是目标群体。目标群体主要指政策的直接影响者。四是政策环境。政策环境主要指影响政策执行的政治、经济、文化、社会等因素。

在史密斯的政策执行过程模型中，要重视影响政策执行的四个因素。史密斯认为："具体地说，政策的形式、政策的类型、政策的渊源、范围以及受支持度、执行的能力与信心，目标群体的组织或制度化程度、接受领导的情形以及先前的政策经验、文化、社会经济与政治环境，凡此等等均是政策执行过程中需要考虑和认定的因素。"① 政策执行的过程就是协调与缓和紧张状态。如果发生新问题，要立即进行"反馈"；如果没有问题，则可以进行"建制"，将成熟的信息反馈传递到政策制定的初始阶段。

通过中央政府与地方政府在政策执行过程中的互动，可以看到中央政府在政策制定方面具有一定的主导性和优势，地方政府更多是顺从或者是服从。史密斯的政策执行过程模型正好符合这样的思考路线和模式，对于分析中央政府与地方政府的政策制定和政策执行具有重要的参考价值。在史密斯的政策执行过程模型中，史密斯把政策制定与政策执行分成两个相互作用的部分，具体到政策执行过程，主要涉及理想化的政策、政策目标群体、政策执行机构和政策环境因素之间的互动与相互作用。政策执行通过处理紧张状态走向新模式，在一定程度上实现了紧张状态的转换。最后，把这些经过处理和建制的结果再输入政策制定过程中。"假如社会变化不是渐进的而是急剧的，就会使社会紧张达到顶点，从而有可能诱发社会紧张和矛盾……为了缓和社会紧张和矛盾，政策在执行过程中必定会得到修正、补充和完善。同时，在这个过程中会形成新的制度，出台理想化的政策。"② 中央政府与地方政府在执行政策过程中，部分措施是在执行

① SMITH T B. The policy implementation press [J]. Policy Sciences, 1973, 4 (2): 203-205.

② 朴贞子，金炯烈，李洪霞. 政策执行论 [M]. 北京：中国社会科学出版社，2010：84.

阶段和执行的过程中出台的，因此，已经形成的政策进入执行阶段后在一系列因素作用下发生转换，这种转换是对相关环境和内容的自适应过程。

M. L. Goggin 是美国布鲁金斯的客座研究员，在美国多所大学教授政治学。1990 年，M. L. Goggin 等学者在《政策执行理论与实务：迈向第三代政策执行模型》一书中，提出了政策执行府际沟通模型（见图 2-2）。

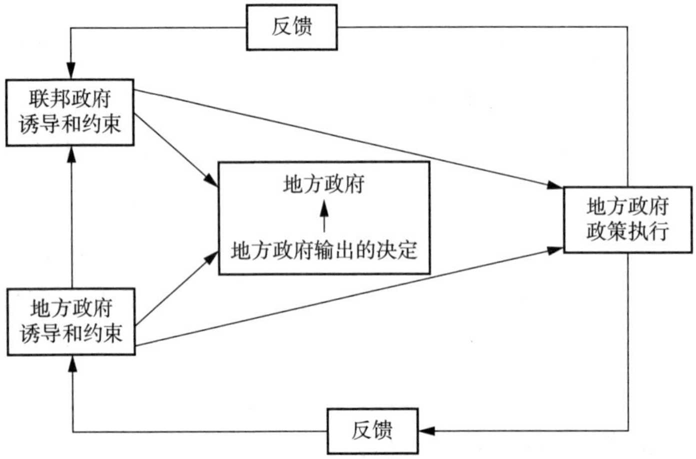

资料来源：GOGGIN M L，et al. Implementation theory and practice：Toward a third generation［M］. Scott Foresman & company，1990：32.

图 2-2　M. L. Goggin 政策执行府际沟通模型

M. L. Goggin 等认为第一代政策执行研究呈现出演绎的途径，第二代政策执行研究呈现出归纳的途径。但是，政策执行是一种烦琐而重复的过程，是发生在不同时间、空间的政治与行政决策、行动的过程，不是单独采取演绎或者归纳途径就能解释清楚的。因此，他们主张政策执行研究不应该忽视执行过程中的动态层面讨论，其模型更加注重分析政策执行的动态过程。

M. L. Goggin 等认为，从中央政府的决策开始，进入政策执行过程，地方政府针对中央政府的强制约束和诱导采取的措施是不同的，这主要取决于地方政府的发展偏好和行为能力。政府的决策制定已经不是单一主体的行为，而是演变成团体之间讨价还价的结果。因此，运用政策执行府际沟通模型可以发现，在政策执行过程中既有“自上而下”的研究内容，也有“自下而上”的研究路径。

通过政策执行府际沟通模型，不仅可以清楚地看到政府间关系对于政策执行的影响，而且可以了解地方政府与中央政府的互动过程，体现了一种综合路径。同时，该模型对于分析中央政府与地方政府之间的相互关系、运作机制等有重要意义。

二、中国社会政策的制定

社会政策制定是社会运行的第一步，是政策科学的核心内容。社会政策制定是一个复杂的过程，它由一系列不同的活动和环节组成。“通常一个政策的形成要涉及三个方面：公共问题是怎么样引起决策者注意的，解决特定问题的政策意见是怎样形成的，以及某一建议是怎么从相互匹敌的可供选择的政策方案中被选中的。”① 一般情况下，通过对各国经验的学习与借鉴，社会政策制定基本遵循以下几个步骤：一是确立政策议程，二是制定方案，三是政策合法化。社会政策方案一旦经过合法化程序并公布，就进入了社会政策的执行阶段。

（一）中国社会政策的制定主体分析

社会政策要顺利运行，首先要明确具体主体，即参与社会政策制定的机构、组织或群体，成为社会政策的制定者。社会政策的制定主体对于社会政策的运行至关重要。

1. 政府的特点和作用

政府是制定社会政策的最重要主体，是关键的政策行动者。相对于其他的社会政策制定主体而言，政府具有其自身特点，表现为以下几个方面。

第一，权威性。从经济学的角度看，国家之所以存在，是因为国家可以提供企业等市场主体所不能提供的产品或服务。从管理学的角度看，政府的目标之一是通过管理促进经济的发展、秩序的稳定和制度的延续。同

① 安德森．公共决策［M］．唐亮，译．北京：华夏出版社，1990：65.

时，政府作为权力部门，在制定社会政策等方面具有权威性。一般来说，社会政策的制定主要包括政策决策、制定和执行，其间涉及的社会政策调整等事项亦由政府最终决策。

第二，强制性。在我国，各级人民政府作为国家行政机关，有责任履行各项法律义务，同时接受上级国家权力机关的监督和评估。

第三，复杂性。作为政治实体，政府包含权力部门、行政部门和司法部门等，各部门之间存在错综复杂的交集。因此，在政策制定过程中，政府作为社会政策的制定主体，会受到各层级组织、部门的权力、利益牵涉，复杂性不言而喻。

第四，公共性。政府代表人民行使公共权力，贯彻社会公共意志，谋求社会公共利益、统筹管理社会公共事务、承担社会公共责任，一切以公共利益为基础。政府必须具备公共精神，这是政府开展一切事务的出发点。政府的公共性决定了社会发展的整体形势，社会的发展与壮大是时代所趋，这需要政府将一部分公共权力交予社会去治理，从而实现“权力”向“权利”的转变。

政府作为社会政策的制定主体，对社会政策的制定发挥着重要作用，主要表现为以下几点。

第一，资源提供者。政府是政策资源的拥有者，同时是政策资源的提供者，这为政府出台各种政策提供了保障。一般而言，政策制定需要财政支持，政府通过税收等筹措资金，通过再分配等形式提供社会公共项目和社会公共服务等。

第二，政策制定者。当一项政策进入政策议程并执行，前提是要完成政策的制定并合法化。政策制定是政府对具体的执行方案进行对比选取、原则确定、执行手段敲定等，并通过政府权力来完成。

第三，政策执行者。一项社会政策要实现其预设目标，必须经过政策执行这一过程。社会政策首先要由中央政府制定，其次由不同职能部门和不同层级的地方政府通力合作执行。在执行社会政策过程中，需要让公众了解政策的相关信息，通过相关媒体渠道向社会宣传政策信息，从而便于政府组织、领导和管理。

第四，政策监管者。在政策的制定和执行过程中，会产生很多来自基层或者组织内部的评价，以及很多未曾考虑的社会问题。为避免失误和损失，相关部门要进行监管，纠正、调整和控制执行中的问题，使政策在原有的框架内发挥作用。

2. 社会组织的特点和作用

改革开放以后，社会组织在数量、规模、社会参与、组织建构、活动领域等方面都有了前所未有的发展，无论是在广度上还是深度上，各种社会组织都日益融入社会发展的主流当中，成为与国家体系、市场体系交相辉映的公民社会体系的一部分。社会组织的兴起与发展是改革开放和社会转型的必然结果，经过 30 多年的发展，一个有序、多样、规范、开放的社会组织环境正在形成，社会组织的活动范围越来越广泛。在我国，社会组织主要包括社会团体、非政府组织或者非营利组织，在社会政策制定、执行过程中发挥着举足轻重的作用。作为社会政策的主体之一，社会组织具有其自身的特点，具体表现为以下几点。

第一，数量庞大。通过 30 多年的发展，社会组织的数量快速增加，特别是从 1999 年以后呈现突飞猛进的发展态势。虽然 1979—1999 年有所起伏，但总体上增长明显，年增加数量均高于 1978 年的水平。① 据不完全统计，截至 2013 年社会组织的数量已经突破 50 万。②

第二，非营利性。社会组织与其他组织不同，社会组织不以营利为目的，这决定了社会组织需要借助外界资源来展开相关活动。因此，在转型期政府体制改革中，要密切与社会组织的联系，与之建立合作伙伴关系，为建设公民社会奠定基础。

第三，活动领域广。社会组织从理论与实践层面推动公民社会的构建，越来越多的社会资源进入各种各样的社会组织。经过备案的社会组织通过表达社会群体的需求，在实现自身价值的同时，推动公民社会的发展和社会的转型。“社会组织的辐射范围已经覆盖各个领域，其中教育约占 26%，社会服务占 13%，健康卫生占 10%，这三个领域成了相对比重比较

① 王名，孙伟林. 我国社会组织发展的趋势和特点［J］. 中国非营利评论，2010（1）：1-23.

② 中国公益研究院研究部. 全国登记社会组织数量超 50 万家［EB/OL］. 2013-10-24，http://news.xinhuanet.com/2013-10/23/c_117838385.htm.

大的领域，这与世界上大多数国家公民社会部门活动的分布领域大体一致。”① 社会上除了行业协会等社会团体外，还涌现形形色色的具有公益性、互益性和自治性社会组织，这些社会组织已经深入社会各领域，包括基层民主、经济发展、社区环境、网络交流、教科文卫等。社会组织以各种形式出现，渗透到人们生活的各个角落，成为现代社会建设和发展的重要力量。②

基于以上特点，社会组织在社会政策的执行中扮演着重要角色。一般来看，在社会政策的制定与执行中，社会组织具有以下几个方面的作用：首先，社会组织是政策的积极参与者，影响政策的制定，推动不同层级的社会体系监督政策制定以及改革创新社会政策等，进而对社会政策施加影响；其次，在制定社会政策过程中，它们是政府的合作伙伴，通过它们，资源的使用率、服务的成本、政策的推行等都有明显的改善，还可以加强政策执行的监管。此外，社会组织为政府的决策提供了大量建议，为政策议案的完善提供外脑。同时，社会组织将在实践中发现的问题和意见及时反馈给政府决策部门，使社会政策的制定更加合理、规范和科学。

随着社会政策研究范围和内容的日益广泛，社会政策执行开始向体系化、制度化和规范化发展。社会政策的制定主体逐渐走向多元化，这种多元化的发展构成了新时期社会政策执行的共同体和行动体。不同的主体在社会政策制定中以不同的方式发挥着效用，使中国社会政策发展创新更加明朗和清晰。

（二）中国社会政策制定的触发机制

美国学者拉雷·N. 格斯顿（Larry N. Geston）对政策的触发机制做出了详细分析，他认为，“如果一种进步或者一种行动引起公众的关注、反映了公众对变革的普遍要求，那么它就被认为是一种触发机制；而一种过

① 萨拉蒙，等．全球公民社会：非营利部门国际指数［M］．陈一梅，等译．北京：北京大学出版社，2007：29.

② 王名，孙伟林．我国社会组织发展的趋势和特点［J］．中国非营利评论，2010（1）：1-23.

程未引起显著反应，则不是触发机制”。[①] 通过定义我们可以发现，社会政策是针对社会现实问题而展开的活动过程，但并非所有的社会问题都能够引起决策者的重视或者回应，政府需要在各种社会问题之间做出优先性选择，限于政府的能力、资源、判断、认知等因素的影响，一些社会问题可能长期得不到关注甚至任其发展。但是，当影响政党、国家利益的因素出现时，就可以迅速地启动相关机制，推动社会政策的制定进程，这些事件或者因素直接扮演了触发机制的角色。可见，触发机制在社会政策制定过程中发挥着重要作用。笔者将社会政策制定的触发机制定义为偶然发生、较短时间内可以引起社会广泛关注和连锁反应的，并在社会政策制定过程中起关键作用的事件或行动。从某种意义上说，社会政策制定的触发机制可以分为直接性触发和间接性触发两种形式。社会政策制定的触发，即推动政策议程向前发展的资源、因素或者条件，是整个过程的“焦点”，是政策设计、制定、发动的“催化剂”。

1. 直接性触发

直接性触发意味着政策研究者、政府行政人员、社会组织与社会公众等有明显感知和判断，意识到不出台相关政策不足以平复相关事态的发展。例如，2003 年暴发的 SARS 疫情直接推动了《突发公共卫生事件应急条例》出台；因建设用地造成拆迁户利益补偿问题，建设部出台了《城市房屋拆迁估价指导意见》。通过这些案例可以发现，政府部门积极采取相关措施进行处理，快速出台或者完善政策有效控制态势，体现了政府应对危机的能力和效率。

2. 间接性触发

间接性触发又称为“外压型”触发，即由于受到外界的压力而被认识。这种外界压力主要来源于政府以外，舆论和民意等推动政府及相关组织主体为改变现状而制定相关政策。一般情况下，政府与社会组织等掌握着丰富资源，在政策制定以及相关议程中处于决定性地位，从成本、预

① 拉雷·N. 格斯顿. 公共政策的制定：程序和原理［M］. 朱子文，译. 重庆：重庆出版社，2001：71.

算、收益等方面对政策方案进行综合考虑并做出决定。例如，社会舆论间接推动了《国务院办公厅关于切实解决建设领域拖欠工程款问题的通知》的颁布实施；是媒体的持续报道、网络民意、学者的建议等形成的强大外部压力，终结了实施20余年的“收容遣送办法”，催生了《城市生活无着的流浪乞讨人员救助管理办法》。

（三）影响中国社会政策制定的因素

1. 价值观

社会政策的制定要建立在基本的、合理的价值基础之上，体现社会价值。因此，不同的价值理念可能会形成不同的政策制定导向。当代中国的社会政策制定体现了公平、公正、权益的价值观念。这些价值观念对社会政策的制定有直接或间接的影响。

第一，公平既要求平等，也允许存在差距，有不同的取向，取向或价值倾向是社会政策制定中评价公平与否的基本标准。当然，公平是多层次、多方面的，包括机会公平、过程公平、结果公平等。以结果为导向的，就要尽可能满足社会主体的要求，基于公平原则，统筹短期、中长期利益，兼顾政府、社会、团体、个人等不同主体的利益诉求，平衡社会矛盾与冲突。

第二，公正是社会政策制定的一个基本理念。公正是建立在自由、平等、协作等基础之上的，强调“别人的应得”。“应得”理念着重政府在建立社会福利和保障中的主要作用。公正的理念体现了一种权利划分，没有权利就没有权益，个体都希望能够维护和保护自己的合法权利。因此，在社会生活中，社会的公正诉求是政府制定社会政策的重要参照和影响因素，无论是在竞争性市场背景下还是垄断性市场背景下，社会公正无法全部寄希望于市场经济的自我调节，必须通过政府干预，也就是通过制定社会政策来对社会利益关系进行恰当、合理的调整。只有这样，才能从根本上满足社会公众的相关需求，减少社会矛盾和社会冲突，维护政府的公信力，保障国家安全，消除个体、群体之间的利益隔阂。正因为如此，公正对制定社会政策有着重要的影响。

第三，权益是影响社会政策制定的重要因素，权益可以分为公民权益、政治权益和社会权益三个方面，即公民资格的三个要素。① 安德森认为，人们向政府提出诉求，只有一小部分得到了决策者的关注，这种关注直接影响最终政策的制定。“那些被决策者选中或者是决策者感觉必须要对此问题采取行动的要求构成了政策议程”。② 从这里可以看出，当民众诉求让决策者感觉不得不去解决的时候，就会进入政策议程，而进入政策议程就意味着政策制定的开始。

2. 公民参与

在制定社会政策的过程中，公民通过各种合法方式进行的信息沟通、利益表达、利益平衡、政策评估、信息反馈等参与活动，以直接或间接的方式影响着政府的社会政策制定。现代政策过程的本质是政府与社会公众面对社会发展和公共利益分配做出正确判断、选择的政治过程。在这个过程中，政府必须进行相关政策制定的调研、试点以及互动，听取公众的意见，只有社会公众与政府之间形成良性互动，才有可能推进政策议程的建立与相关政策的制定，使公众的愿望得以实现。然而，随着社会群体多元化、阶层化，一些学者呼吁建立公民社会，使多元主体都能自由表达、自由地参与政策过程，从而实现社会政策的价值诉求。但是，这一呼吁的实现在实践层面会遭遇来自各方面的压力与阻碍。因此，为了进一步推进社会政策的发展，以及公民社会的构建，公民参与是不变的方向，将对社会政策的正确性、完整性起到积极的作用。

3. 大众传媒

大众传媒在当代社会具有举足轻重的地位，对推动相关政策的制定起着关键作用。特别是在信息时代，除了传统的报纸、杂志、广播、电视等之外，还有很多新兴媒体——自媒体。自媒体是互联网时代发展最迅速和具有重要影响力的媒体。一是大众传媒可以把少数人发现的问题或者社会问题广泛宣传和传播，让多数人知晓、理解与支持，从而为设立相关政策议程创造条件；二是大众传媒通过传播平台在社会上形成巨大的影

① 马歇尔，吉登斯．公民身份与社会阶级［M］．郭忠华，等译．南京：江苏人民出版社，2008：10.

② 安德森．公共决策［M］．唐亮，译．北京：华夏出版社，1990：69.

响力，给政府、政策研究者、政策制定者造成一种正向压力，从而促使决策系统接受和满足舆论的相关要求，进而制定相关政策；三是大众传媒已经发展成为公众和政府决策系统的关键纽带，发挥了一种桥梁作用，公众能够加入政策制定中来，并使决策范围和方式发生了巨大改变，扩大了政策问题的来源和公众权益的诉求渠道；四是大众传媒可发挥政府决策系统以外“智囊”的作用，大众传媒将基层的信息不受影响和干扰地传递到决策层面，是政府决策和出台政策、了解与掌握社会信息的重要工具。

（四）中国社会政策“试点”

政策“试点”或政策“试验”是中国政策领域非常普遍的一种现象，从早期沿海经济特区建设到引领时代的住房、养老、教育、医疗等社会福利政策，大都以“试点”的方式展开。这是一种“摸着石头过河”，通过试验的方式来对政策可行性进行探索的过程，同时反映了社会治理和改革经验的缺乏。

1. 政策“试点”的特殊性

我国的政策“试点”是政策制定、出台的一种特殊方式，学者赵宏伟将试验式改革活动的政策“试点”定义为“在具体决策前，会在一个或者多个地区预先进行试验的行为”。同时，他指出“试点”还具有连续性特点，新中国成立后到20世纪80年代一直存在，并且作为党的一项“工作方法”固定下来。① 结合实践和理论，政策“试点”过程一般为：中央政府形成某种宽泛的政策导向，与地方政府进行协商或指令地方政府先行试验；或者是地方政府为了创新发展方式，解决当地社会问题而单独进行的某种政策试验。

改革开放以来，“试点”这一方式发挥了重要作用。从1978年的生产承包责任制到1979年“经济特区”的设立，再到村民委员会制度、分税制改革、省直管县改革等，都可以归属于“试点”改革。这些改革和政策

① 白智立．中国的试验式分权化改革与地方治理［C］//第二届公共政策年会论文集．南京：南京大学出版社，2013：2.

“试点”并不是全面推进政策，而是以中央政府对某地区地方政府的指定、引导、鼓励、默认等为前提的改革，在一定程度上允许这些地方先行试验和探索，从而保证了相关制度和政策创新的可能性及空间。

政策“试点”有多种类型：一是地方政府的自主“试点”取得良好效果中央政府事后知晓并确认其具有创新性，在条件允许的地区推行；二是中央政府指定地方作为“试点”的地区；三是地方政府依据本地区发展状况，同时基于中央政府的政策方针和文件精神，自主选择进行的政策创新“试点”。如果地方政府的某项政策“试点”在当地引起反响并且被国家相关部门讨论和重视，就会进入国家层面的政策“摇篮”，国家通过相关程序出台政策并逐渐扩大“试点”的范围。从以上论述可以看出，政策“试点”并不局限于中央政府，是一个跨越政治、行政、科层中央政府与地方政府的政策互动过程。西方学者认为，“政策制定分为‘垂直’与‘水平’两个维度，强调在垂直权威之外不同组织的政策参与者之间的水平关系而非科层理性”①，或者“强调政策执行当中由基层官员所导致的政策变形”。②

因此，我国的政策“试点”是基于中央政府与地方政府特殊关系下的政策创新，我国的政策“试点”是社会转型的力量支点和重要机制，是一种先行试验的过程，是一种特殊的政策制定过程。

2. 政策“试点”的挑战

政策“试点”在社会治理实践中具有重要的探索、创新作用。政策“试点”的形式多种多样，既有“试点项目”也有“试验区”。作为一个特殊语汇，政策“试点”反映了我国改革开放 40 多年来的政治、经济等方面的体制改革渐进过程。尽管国内政策“试点”的研究文献较少，但政策“试点”是改革发展中运用最频繁的一个词语。“试点”意味着一种制度、一个政策的创新，政策“试点”具有各种积极的、显著的效应而广为媒体和政府所宣传，在一定程度上推动了中国政治体制改革进程和社会治理实践以及社会转型。但是，我们不能忽视政策“试点”带来的挑战，以

① 科尔巴奇．政策［M］．张毅，韩志明，译．长春：吉林人民出版社，2005：31-32.

② HILL M. The policy in the Modern State［M］. London：Prentice Hall，1984：7-8.

及由政策“试点”衍生出的不良影响，影响改革甚至社会生产生活。通过进一步解析政策“试点”面临的挑战，可厘清政策过程和政策创新模式。

第一，“政策时滞”。“时滞”就是“时间上滞后”，是指某一行为从启动到产生结果的时间差。政策“试点”因为其特殊的执行方式，会在中央政府同意出台政策前出现“政策时滞”，且存在“试验区”与“非试验区”之间的政策适应性问题。“政策时滞”是政策从制定到执行的不同步。当政策“试点”启动后，不论是中央政府指定地区还是地方政府自主进行“试验改革”，先行进行政策“试点”的地区会获得政策优惠或者中央政府的支持，再“由点到面”地进行扩张，并推广到其他“非试验区”。这在一定程度上促使不同地区和部门选择不同的执行方式，呈现“双轨”运行的状态。因此，“政策时滞”是政策“试点”的一个必然结果。作为先行试验的地区在时间节点上“先行一步”，从试点完成到政策制定推广，不同地区很可能会对政策产生错误判断，导致错误预期，引发地区间“政策学习”的矛盾，以及部门之间的利益矛盾，为政策执行增加难度。

一项政策从制定到执行，过程是复杂的，但是政策制定的初衷是为了解决社会问题，为了公众的利益；而政策“试点”通过政治、行政手段人为地划分了“试验区”，“非试验区”则难以同时享受新制度带来的“政策红利”，这在某种程度上造成地区差异、地区发展不同步，导致地区与地区之间、部门与部门之间的矛盾和摩擦。同时“政策时滞”使先行试验地区发展迅速，致使非试验地区相对落后，导致政策不公平、资源分配不均、政策效果不一致等社会问题。

第二，“试验区”政策与法律法规的交织。法律是相对固定的且在“试验”之前已经运行多年，政策“试点”意味着法律要为政策“试点”让步，抑或是法律要为政策“试点”提供“保障”。处于“试点”阶段的新政策在成为正式制度之前，或多或少与法律存在冲突。从理论上来讲，任何政策都不能违背法律。但是，在现实生活中，在“大胆改革”“勇于尝试”“创新第一”的宣传导向下，“试验区”的“试点”政策可能会突破法律的禁区，甚至高于法律而运行，从而形成“执行差距”。从我国的改革历程来看，大多数改革都是先行“试验”，再由相关法律确认的，政策“试点”形成的创新成果，为“试验区”新的法律法规的出台提供重要支持。随着社会改革的深化，试验性改革与法律法规之间冲突难免，有时甚至要在“试验区”废止一些法律法规。

三、分权视角下影响政策执行转换的因素

（一）政策执行转换与自由裁量权

1. 自由裁量权

自由裁量权是行政管理实践的历史必然，可以说自由裁量权是伴随行政权力而衍生的，只要存在行政权力就一定有自由裁量权。因此，施瓦茨曾说，“行政权力的核心就是研究自由裁量权”。① 自由裁量权常常被视为权力运用的主体在行使相关决策权和制定权时，对政策文本以及相关内容进行的再加工过程。

自由裁量权可以理解为，作为行政主体的政府部门和行政官员在运用相关权力做出最终决策时，对决策或决定的标准或原则的设定拥有较宽松的空间和自由。从理论角度而言，不论是政府还是个人都具有自利性，这种特征决定了其对于权力的追求和不断衍生。因此，英国哲学家罗素曾经说：“政府的存在是有必要的，如果没有政府，也许一部分人能够生活，而另一部分人很难生存。同时，政府会导致权力的不平等。”②

任何一项制度都无法保证完美无缺。因此，对于具体的行政人员往往会给予一定的自由裁量权。正如 E. Jacques 所言，“在所有的任务和工作中几乎都会授予一定程度的自由裁量权”。③ Jeffrey Jowell 对自由裁量权的界定是，“一个行政决策者所拥有的最终决策空间”。④ 执行政策的行政人员或者行政官员可以根据政策的目的，依据自身的想法和判断来选择行为方式与条件，从而做出一定的行政行为。故而，戴维斯认为，“运用政府权

① 施瓦茨．行政法［M］．徐炳，译．北京：群言出版社，1996：566.
② 罗素．权力论［M］．靳建国，译．上海：东方出版社，1988：164.
③ JACQUES E. Equitable payment［M］．Harmondsworth：Penguin，1976：58.
④ JOWELL J. The legal control of administrative discretion［J］．Public Law，1973：178-220.

利的人关注的是适用法律、做出裁量性的决定以及法律与裁量的各种混合形式。他们更上心的乃是裁量而非法律……只要公职人员权力的实际界限允许其在可能的作为或不作为方案中自由做出选择，那么他就拥有裁量”。[①] 威廉·韦德认为，“在法治中，法治所强调的重点并不是要消除自由裁量权，而是通过法律更好地约束和行使自由裁量权。根据社会发展和现实，从统治和管理阶层来看需要尽可能多的自由裁量来实现政策目标”。[②]

从中央政府与地方政府权力运行角度来看，行政权在政府之间的分配直接影响政策目标的实现。地方政府执行政策中的自由裁量权大致可以概括为：一是没有规定限制性条件，执行主体可以在法律框架内自行采取措施；二是政策文本没有明确规定范围和方式，执行主体可以根据实际情境采取具体措施；三是政策文本有明确规定，但是执行主体可基于实际情况和合理解释采取措施。总之，从以上三点可以发现，灵活性是地方政府政策执行过程中自由裁量权的显著特征。

中央政府在进行社会管理过程中，为了更好地、积极地应对各种不可预测的社会问题，常需要授予地方政府进行社会有序管理的自由裁量权，这是国家和政府管理的必然。另外，中央政府制定政策存在时间上的局限性，可能还具有模糊性，政策执行者在偏好、意识、素养方面也无法整齐划一。因此，地方政府在实际执行中必然进行修正和调整，这些都是自由裁量权的范围。面对复杂的行政事务和情境，地方政府用相同标准去处理，结果往往与预定目标大相径庭。这就需要地方政府执行主体在方法、步骤、实践等层面具有自由裁量权。

中央政府将自由裁量权授予地方政府时，地方政府可以与中央政府一起分担不确定性和不可预测的成本及风险，通过释放地方政府自由裁量权，培育和发展地方政府，可以更好地实现中央政府的整体宏观规划与目标。同时，可以增强地方政府改革和发展的动力，以便中央政府与地方政府彼此加强交流和互动，减少摩擦，从而产生更大的收益。

---

① 戴维斯．裁量正义［M］．毕洪海，译．北京：商务印书馆，2009：2.

② 威廉·韦德．行政法［M］．徐炳，译．北京：中国大百科全书出版社，1997：55.

2. 自由裁量权在政策执行转换中的作用

从20世纪开始，行政权力扩张初露痕迹，行政权力的不断膨胀、扩大，表现在政治、经济、生活、教育、文化、社会保障、社会福利、社会治安以及外交等方面。行政权力的合理运用关系到国家利益、集团利益、公民利益等，影响着社会生活的方方面面。国家行政职能的扩张与变革大大增加了自由裁量的概率。

如果一项政策没有特殊限制，执行主体在权力范围内，在不违反相关法律条文的情况下完全可以采取任何必要的措施；如果政策文本只规定了模糊的、大致的方向或者标准，执行主体可以根据当时、当地的实际情况对政策做出合理解释，并以合理的方式在一定范围内实施；如果政策明文规定了范围和方式，执行主体可以根据具体情况来处理。从这里可以看出，自由裁量权的一个明显特征是具有相当大的灵活性和弹性。在政策执行过程中，规则或者原则蕴含了一定弹性，这种弹性使政策执行人员可游刃有余地根据实际情况进行调试和抉择。

随着行政权力的扩张，为了适应时代发展，为了与社会同步，公共管理活动必须具有广泛的能动性去适应各种问题，使各级行政机关更好地对社会进行有序管理。这种有序管理的实现路径就是自由裁量权的运用。在政策执行领域，政策决定者受教育、文化、环境等方面的限制，政策制定不可能完美无缺。从政策制定的角度来看，有限的政策文本只能确定原则性大框架，而对新型社会关系无法预料，政策文本的修订常常要落后于实践进展。从政策执行的目标指向来看，往往要面对人数众多且复杂的人群。因此，面对庞大的目标群体和复杂的社会关系，有学者认为，“如果在社会关系复杂的情况下，用相同的标准去衡量和处理相对复杂的事务，实际上是无效的甚至是不公平的”。①

在我国，政策执行者主要为省级以下各级地方政府，政策执行中的自由裁量权意味着地方各级政府对政策执行的方法、步骤、层次、范围、方式等拥有裁量的权力。将政策执行的自由裁量权下放地方政府，是历史的

---

① 江必新，张明杰．关于行政自由裁量问题的对话［M］//罗豪才．行政法论丛（第3卷）．北京：法律出版社，2000：20.

必然，也是时代的进步，可促进中央政府与地方政府的改革，且有利于降低改革成本、风险。在经济学家眼中，此举可以促进经济改革进程，是分担改革成本与风险的最佳方式。周振华认为，“在宪法框架内选择地方政府，便成为中央政府的合理制度”。[①] 也就是说，中央政府通过分权的方式促进地方政府发展，通过发展地方政府为现代化进程提供不竭动力。授予地方政府相关权力的同时必须防范地方政府在自由裁量中的利益膨胀问题。比如，一些地方政府为了政绩，通过自由裁量，借口政策允许，滥用职权、谋取私利，导致地方财政亏空；个别地方政府对中央政府的政策文本进行随意解释，以图适合本地方发展。在现行体制下，少数地方政府为了绩效考核，想方设法追求短期经济利益，或者提高行政官员自身的升职空间，使公共利益受损。以上问题都是政策执行主体为了自身利益，不顾法律与制度约束导致的。因此，在合理授予自由裁量权时，要防止这类问题的发生，必须进一步提高法律的规范性和制度的完善性。

（二）政策执行转换与利益博弈

1. 利益博弈

随着市场化改革的逐步深入，一项政策从制定到执行的过程直接关系各级政策执行者的利益。通常意义上认为，利益就是对于自身有某种好处，能够满足自身的需要。美国学者庞德认为，“利益是人类个别地或在集团社会中谋求满足自身欲望或要求”。[②] 可以说纵观人类历史，所有的活动都与欲望、要求等相关。“利益关系被认为是行为主体之间最基本的经济、社会关系，行为主体和利益主体之间的利益差异以及各相关主体对这种差异的追求是利益关系不断发生演变的动力所在。”[③] 利益在社会伦理关系中客观存在，我们不能忽略利益在现实中的作用，按照西方经济人理论假设，政策执行主体及相关执行者都是“经济人”，都以自身的方式追求其利益最大化，而这种追求的倾向和过程决定了其执行政策的方式。从系

---

① 周振华．体制变革与经济增长：中国经验与范式分析［M］．上海：上海人民出版社，1999：90.

② 庞德．通过法律的社会控制：法律的任务［M］．北京：商务印书馆，1984：81.

③ 张方华．由政策调整到政策创新［J］．南京社会科学，2000（5）27-33.

统角度来看，利益关系是联系各政策执行主体的纽带，只要对其进行独立管理，就会出现相对独立的利益关系。可见，执行主体在某种层面上是利益主体，作为政策执行过程中的具体执行者，会考虑成本以及结果对自身的影响程度。因此，政策执行者会选择适合本地区和自身的政策策略，并演变成一种围绕利益展开的博弈。

2. 利益博弈在政策执行转换中的作用

一般情况下，中央政府在政策制定过程中起主导作用，地方政府主要负责政策执行。当前在我国政治、经济、文化都处于快速发展的重要阶段，转型是时代向前发展的必然结果，经济、政治、文化、社会等领域的问题纷繁复杂，各种因素的综合作用使地方政府在执行政策时出现转换。Steven M. Goldstein 认为，“在偌大的中国，中央政府需要面对众多的地方政府，并对之展开监管”。[①] David Bachman 认为，“地方政府总是在以一种最有利于自己的方式在执行政策的过程当中想方设法变换中央政府的决策文本。因此，政治体制的一个明显表征就是存在‘执行差距’”。[②] 我国地方政府在政策执行过程中主要存在以下几个方面的问题。

第一，政策文本断章取义。这主要指地方政府作为政策执行者，在执行中央的政策时，基于利益诉求而对中央政策文本进行取舍，有利于当地发展的内容就贯彻执行，不利于当地发展的或者阻碍地方官员政绩的内容则有意舍弃，从而导致政策原有的精神与内容呈现“递减效应”，政策目标群体受惠政策的程度大打折扣，政策无法完完整整地落到实处。一项政策的执行成效往往与政策目标有直接关系，当地方政府断章取义政策内容时，政策原有的功能和目标会受到影响，甚至产生政策负效应。这种执行问题严重影响党的形象，危害国家利益、集体利益和全局利益。

第二，执行不作为。地方政府在政策执行过程中，只宣传而不深入实践，对政策执行的资金配置、动员组织、人员配备等落实不力。荷兰学者H·布雷赛斯（Hans Bressers）等认为，“地方政府只是表面的合作，而实

① STEVEN M. Goldstein. Reforming socialist systems：Some lessons of the chinese experience［J］. Studies in Comparative Communism，1988：228.

② BACHMAN D. Implementing chinese tax policy［M］//Lampton：Policy implementation in Post-Mao China. Berkeley：University of California Press，1987：8-12.

际上却没有做什么工作。在实际执行过程中，可能会口头支持中央政策，或者书面表态，但是没有按照中央政府的意图去办事”。[①] 地方政府的这种象征性、敷衍塞责的执行方式，错误地引导其他地方政府，导致一些地区仅为了提高政绩或者知名度，政策目标无法真正实现。

第三，选择执行。选择执行用经济学术语可以表述为，在约束条件一定的情况下，选择理性的资源配置方式和最有利可图的执行模式。各级地方政府在执行政策时，对本地区有利的内容就贯彻执行，对本地区不利的内容就弃之不用。中央各部门制定的各项政策与规定，地方政府在执行时，会根据本地区利益及发展现状有所侧重，也可能摒弃。例如，在产业政策与环保政策之间，地方政府以污染环境和大量资金成本为代价来提高本地区的国内生产总值（GDP），不仅违背了中央政府的意图，还降低了整治环境的力度。

第四，替代执行。地方政府利用政策文本的抽象性，以本地区或部门的实际来诠释和执行中央政策，将不符合的政策内容用“新”政策来替代。虽然政策目标、性质等相似，但是这种执行会导致政策的名存实亡。从表面上来看，替代执行政策没有大的变化，但是实质内容已经改变。替代执行原因多种多样，与执行主体的价值观有直接关系，从不同的角度对政策进行理解，就会产生执行差异。[②]

第五，附加执行。附加执行是指地方政府在执行政策过程中对相关内容随意扩大，造成政策的范围、目标均超越政策要求。附加执行的典型特点是“搭便车”，在原有政策的基础上推行利己政策，这些利己政策与原政策混合执行后，不论是从“质”的角度还是“量”的角度都使原政策发生变异。从地方政府的角度来看，政策内容的解释权归地方政府，因此是合理的。但是从原政策目标群体的角度来看，这些附加的内容往往是对原政策的扭曲，甚至是不合理、不合法的，影响了原政策目标的实现。

第六，机械执行。机械执行是指地方政府按照文件“原原本本传达”，

---

① H·布雷赛斯，M·霍尼赫，张蓉燕．政策效果解释的比较方法［J］．国际社会科学杂志（中文版），1987（2）：99-114.

② 霍海燕．当前我国政策执行中的问题与对策［J］．理论探讨，2004（4）：87-90.

却不考虑当地实际情况，没有发挥主观能动性，消极的“以文件贯彻政策”。从表面上来看，地方政府是在执行政策，但对政策目标而言，会造成大量浪费。中央政府在制定一项政策时会通盘考虑整个国家的情况，具有宏观性。但是，地方政府简单地传达文件，很容易造成政策与当地实际状况相脱节，甚至对一些地方的发展产生阻碍作用，减弱政策的效力，使其失去原有的价值。机械执行也被称为“呆板执行”，不仅不能解决当地的实际问题，还可能会把相关责任推向中央政府，损害政策的权威性，影响政策执行的效果。

第三章

转型期中国社会政策执行模式

一、社会政策的产生与确认

（一）从无到有：中国社会政策的产生

1949 年，中华人民共和国成立，百废待兴。为此新中国发起全面的社会改革，积极落实治安整顿、生产恢复等社会政策，采取一切必要措施处理历史遗留问题。尽管当时的国民经济、社会发展水平低，城乡之间在制度、文化、福利等层面存在巨大的差异。但是从整体来说，国家注重社会公平和财富的再分配，强调多方位满足人民的基本需要。1950 年 6 月，政务院颁布了《救济失业工人暂行办法》；1951 年 2 月，制定颁布了全国统一的《劳动保险条例》；1956 年，颁布了《中华人民共和国女职工保护条例》。[①] 这些“办法”和“条例”对职工在医疗、生育、养老、病假、伤残、死亡、失业等方面所享受的最低待遇标准做了规定，在一定程度上缓解了职工因生、老、病、死、伤、残、失业等造成的困难，保障了职工的基本生活需求。

1957 年，我国社会领域的政策制度框架初步形成，在管理方式、管理幅度等方面做了大量工作。但是也产生了一些问题，我国人口多、底子薄，不少职工却对国家产生心理依赖，希望国家可以解决一切问题。1958—1966 年是我国社会政策的发展完善阶段，这一阶段解决了一些企业与机关单位制度不统一的问题，对存在的问题进行总结、细化和补充。1966—1976 年，我国社会政策遭受破坏，很多政策执行受到影响甚至停滞，原有的制度遭到严重破坏，大大削弱了社会政策的功能和意义。

① 关信平．社会政策概论［M］．北京：高等教育出版社，2004：40.

自20世纪70年代末以来，为了改变国民经济状况，我国在经济领域尝试进行了渐进式变革。经过40多年的发展，国民经济获得了前所未有的发展，经济结构调整取得了显著成效。“随着发展经济成为国家的主要方针目标，公共资源也主要向基础设施和固定资产领域进行投资。”① 当前我国社会整体发展水平和居民生活水平显著提高，但是仍存在不少社会问题，如果不解决这些问题将会给社会带来更大的负担。21世纪以来，我们逐渐意识到社会建设的薄弱，社会政策制定落后于时代的进步和发展，社会矛盾和社会问题不断出现，党和国家对此高度关注，并积极进行响应。为了抑制经济发展中出现的不公平、贫富差距大等问题，我国开始在社会领域积极建设和发展新体制与机制，出台相关社会政策，建构我国的社会政策体系。

需要说明的是，在计划经济体制下，我国的社会政策是缺乏独立地位的。社会保障、社会福利、社会保险等仅是经济体制的一个组成部分，这种状况不利于构建社会政策体系，也不能发挥社会政策的功能和作用。因此，随着市场化改革的发展和推进，经济体制逐渐重塑，社会福利供给模式发生了巨大变化。在计划经济时期，国家实行统一包揽的政策，即在城市主要通过企事业单位来执行；在农村主要通过集体来执行。在这样的经济和社会体制下，经济政策与社会政策是混合在一起的，没有明显界限，甚至是经济政策代替了社会政策。在市场经济环境下，大包大揽的政策逐渐减少，现代企业制度取代了企业办社会体制，实行“社会福利社会化”；农村集体组织在很多地区不复存在，社会福利的主体逐渐走向多元化。同时，在市场经济条件下，公平和公正问题日益突出，公众的需求和诉求越来越高。要实现公平和公正，社会政策就必不可少，社会政策开始从经济政策中分离，逐渐和经济政策并行，发挥着越来越重要的作用。从地位而言，现在的社会政策已经从经济体制中分离出来，成为一个独立的领域；从内容而言，社会政策体系趋于完善，呈规范化、制度化；从主体而言，社会政策的执行主体主要是政府，同时社区、非营利组织等开始发挥作用。

① 岳经纶，等．中国社会政策［M］．上海：上海人民出版社，2009：280.

（二）中国社会政策的确认

无论是研究社会问题，还是解决社会问题，都必须对社会问题进行确认。任何社会在运行过程中都会产生这样或那样的问题，并由此带来不同的风险。21 世纪以来，中国社会政策可以从两个主要方面来确认。

1. 社会政策的目标定位

随着经济体制改革的深化和社会主义市场经济的确立，我国社会政策的目标从以往服务于经济体制改革逐渐转变到服务于民生上来，关注民生、保障民生、改善民生是政府工作的重中之重，成为国家的立国之本与长治久安之策。正如管子所言："国有四维。一维绝则倾，二维绝则危，三维绝则覆，四维绝则灭。"① 如果失去了立国之根本，则国之危矣。长期以来，我国的社会政策将目标定位于保障民生、维护社会稳定。要让社会政策发挥最大的效用，就必须明确其目标定位，这是社会政策的首要问题。目标定位是把全社会资源分配给需要的人的过程，即选择"需要人群"的过程。唐钧认为，当前我国社会政策的基本目标是要从克服贫困转到消除社会排斥。② 目标定位的方法有很多，既可以是宏观的，也可以是微观的。转型期中国社会政策的发展，迫切需要公平地分配各种资源，通过提升社会公平构建和谐社会。同时，社会政策要与经济政策一同推动社会的平稳发展。当前，我国社会政策目标定位相对滞后，这与体制、机制等有关，缺乏整合及相关领域的顶层设计和规划部署。一些社会政策的出台，常常伴随突发事故、重大事件，以及一些应急、偶发的新闻事件或社会事件，具有临时性和应急性特征。

2. 社会政策的运行机制

社会政策运行机制涉及社会政策的构成要素、功能、联系以及工作原理等，涵盖了社会政策的所有阶段和环节。目前，我国还没有形成制度化的社会政策运行机制，存在诸如民主参与机制不健全、弱势群体利益难以表达、社会政策输送渠道单一、社会政策的发展滞后于经济发展和社会需

① 管子．牧民［M］．北京：中华书局，2009：4.

② 唐钧．社会政策的基本目标：从克服贫困到消除社会排斥［J］．江苏社会科学，2002（3）：41-47.

求等问题。建构科学、合理的社会政策体系，不仅可促进社会发展，而且有助于化解社会矛盾，协调社会、经济与政治层面的关系，更好地实现社会公平、正义。为此，要做好以下工作。

第一，加强政府社会政策运行能力建设。强化政府在运行社会政策方面的责任及义务。尽管各国政府运行社会政策的能力有一定差距，但是政府作为社会政策执行主体的责任是共同的。在社会政策能力建设层面，政府要加大运用公共权力和公共资源重新分配及强化社会保障与社会服务的力度，在保障社会公平方面发挥主导性作用。通过政府社会政策能力建设培育和发挥政府创造力，创造条件建立制度体系、调动资源、有效运作，最大限度地为市场、企业、社会组织和公民提供服务并承担必要的责任。

第二，推动社会组织为社会政策运行提供助力。社会组织在提供具体的社会服务方面具有很高的灵活性和机动性，可以在社会政策领域内部提供资源补充、调动和快速服务。我国社会组织呈现不同形态，发展势头迅猛，以各种名义和形式参与经济社会发展，对我国的社会政策运行有积极的推动作用。但是客观而言，在数量、质量、规模、类型等方面，目前我国社会组织发展仍存在管理不善、组织不力等问题。从英、美等国的社会组织发展现状来看，社会组织的培育与社会管理及社会服务的成效之间呈正相关关系，即社会组织发达的国家和地区，其社会管理水平和社会服务质量也相对较高。

第三，完善社会政策的供求、输送、评估、决策等机制。供求机制是协调需求与供给之间，个人与社会、政府之间关系的机制。以需求为起点服务于目标群体是社会政策的运行基础。一项社会政策出台之前，需要政策制定者、推进者、参与者、执行者不断搜集、归纳、整理某一社会问题背后的实质，从而客观地对政策的参与主体、参与客体、参与形式、参与程序等做出决策。在确定社会问题并进入社会政策制定阶段时，国家、市场、社会组织等都要参与其中，以免只有国家的介入，从而导致国家财政的透支。在西方某些高福利国家社会政策的输送过程中，相关弊端明显。为此，要借鉴西方的经验减少统包统揽的传统模式和工作方式，加大对民间组织的培育和支持力度。要对整个政策过程的阶段、环节以及相关问题进行评估与调整，使社会政策更加贴近服务对象的需求。

（三）中国社会政策的价值标准

不可否认，国内外社会政策的制定与执行都是建立在一定的价值标准之上的，社会政策要体现社会性价值，而不同的价值理念有不同的政策导向。当代我国社会政策的价值标准是以人为本构建公平、公正，确保公民权益的和谐社会，代表了社会公众的价值诉求。

第一，公平作为社会政策的最基本价值标准，在现代社会及国家行政体系中的地位越来越高，强调将其作为政策的基本价值标准。公平本质上就是寻求一种平等，公平可以是多层次的、有差别的，包括机会的公平、过程的公平以及结果的公平等，允许人与人之间存在差别，不同价值层面有不同的利益倾向。社会政策既要体现结果的公平，又要满足社会成员的需求，面对各种利益主体、政治环境以及社会发展等客观因素，往往难以真正做到国家、集体、个人等不同利益主体、不同区域之间的利益平衡与公平。

第二，公正也是社会政策的基本价值标准。公正是基于自由、平等、合作、参与、协调、沟通上的“公民应得”。伴随着社会的发展，必然出现利益的分化，从而导致群体的利益差异。由于市场不能自主调节，必须依靠政府调控，通过社会政策调整社会利益关系，而政府调整社会利益关系必须以社会公正为基本价值标准；否则会造成各利益群体之间的隔阂、矛盾与冲突。

第三，从权益角度而言，权益可以分为公民益利、政治权益和社会权益三个方面，即公民资格的三个要素。① 马歇尔认为，“在西方主流国家中公民权益的发展是一个渐进式过程。首先得以实现的是公民权益，18 世纪末至 19 世纪初，法律充分保障了每一个公民的自由，包括言论、迁徙等。19 世纪末至 20 世纪初，通过投票权和政治参与得以实现的是公民的政治权利。虽然在最初的时候只有少数富有的男性公民得到了这种权利，但是这仅仅是一个开端，选举权范围的进一步扩大，最终使每一个公民都享有政治权益。以公民权益和政治权益为基础，公民权益在 20 世纪实现了其终

① 马歇尔．公民身份与社会阶级［M］．郭忠华，等译．南京：江苏人民出版社，2008：10.

极形式，即公民的社会权益”。[①] 处于经济、社会转型期的我国，公民的社会权益发展较为缓慢，性别之间的权益分别明显，需要进一步扩展社会权益，按照整体性、公平性原则，针对公众的需求提供更好的保障和服务。

（四）中国社会政策存在的相关问题

社会政策发展是在一定的社会、人文、时空环境下发生的，离不开特定政治、社会、文化、环境、经济、人口和意识形态等因素的影响和制约。因此，世界各国具有不同的政策形式和发展趋势，中国作为世界上最大的发展中国家，尽管社会政策起步晚，但是经过不断探索和发展，政治、经济、社会都处于转型中。经过多年的发展，中国社会政策成功地从计划经济时代模式转型为适应市场经济的社会政策发展模式，从重经济建设目标转向构建经济与社会“齐步走”，从早期的“重福利、轻效率”到“重效率、轻公平”，再回归“公平与效率并重”，中国社会政策在“决定的变化”与“相对的稳定”中不断发展。但中国社会政策仍存在以下问题。

1. 碎片化的政策体系

碎片化，相对于整体化而言，政策体系的碎片化，主要指政策网络和政策运行的非系统性，表现为非规范性、非持续性、非生态性。政策碎片化，导致政策执行效率低、牵制多的问题。政策体系碎片化集中体现在社会保障政策当中。Kenneth G. Lieberthal 和 David M. Lampton1992 年提出了“碎片化权威”[②]（Fragmented Authoritarianism）的概念，用来分析和描述20 世纪 80 年代后中国公共政策过程特征。这一观点在国内得到了广泛回应，一些学者提出了政府管理中的碎片化特征。比如，“权威碎片化、价值碎片化、职能碎片化、预算碎片化”[③] 等，导致政策在执行过程中弱化了系统性，从而导致部分政策的失灵和失控。

---

① 马歇尔 . 公民身份与社会阶级［M］. 郭忠华，等译 . 南京：江苏人民出版社，2008：10-43.

② LIEBERTHAL K G，LAMPTON D M. Bureaucracy，politics，and decision making in Post-Mao China［M］. Berkeley：University of California Press，1992：1-31.

③ 戴长征 . 国家权威碎片化：成因、影响及对策分析［J］. 中国行政管理，2004（6）：75-82.

由于我国的社会政策体系是建立在城乡二元结构、户籍制度和单位制度之上，因此建构社会政策体系具有较大难度。王思斌认为，“社会政策时代是一个国家或地区，通过改善困难群体和弱势群体的生存、生活状况以及以增进社会群体成员的社会福祉为目标的政策形成，是政策能够有效执行的发展阶段”。[①] 在制度多元、运行复杂的发展阶段，以社会保障政策为例，内容包括社会福利、社会救助、社会保险、慈善事业等。具体的政策项目又分为城镇以及农村等不同层次。这些政策项目在城市和乡镇存在很大差别，户籍、地位、身份、所有制差异等因素导致城乡无法享受同等质量和水平的政策福利以及服务。可以说，我国现行的社会政策体系具有明显的城乡二元分割和地区差异。更进一步说，这种社会政策体系是以碎片化的身份而不是统一的公民身份发展起来的。具体而言，这种碎片化的身份是基于户籍、阶层、所有制、职业、行政级别等因素建构起来的。

2. 低层次的社会服务

社会政策的一个关键环节便是社会服务，社会服务的内容和水平决定了一个国家福利的提供水平，直接影响公民的福祉。在计划经济时期，我国建立了社会保障制度，但由于经济发展水平低，福利和服务水平较低。改革开放以来，我国各方面取得了举世瞩目的成就，人民生活水平显著提高，脱贫攻坚任务顺利完成。为进一步巩固和扩大改革开放的成果，减少低收入人口、贫困人口等，政府通过大量调研、试点出台了诸如最低生活保障、失业保险、下岗人员基本生活补贴、最低工资等社会保障政策，这些政策的实施在一定程度上发挥了社会保障的作用。但是，这些政策提供的保障水平较低、覆盖面较窄，进而促使政府和专家学者设计更好的制度，“广覆盖、保基本、多层次、可持续”等政策理念相继诞生。

在设立各项社会政策时，缺乏全国统一的绩效评估标准或者统一的科学计算标准。同时，由于我国东、中、西部发展程度的不一致，加上地方各自为政，差异化明显。我国于 1994 年推行分税制后，中央财政收入相对增加，而地方政府收入相对减少。例如，2006 年，中央政府与地方政府的

---

① 王思斌．社会政策时代与政府社会政策能力建设［J］．中国社会科学，2004（6）：8-11.

财政收入占全国财政总收入之比约为 52.8%：47.2%，中央政府与地方政府财政支出占全国财政总支出之比是 25.7%：75.3%。通过数据可以看出，地方政府财政收入与地方政府财政支出的缺口高达财政总收入的 28.1%。[①] 2013 年，中央政府与地方政府的财政收入占全国财政总收入之比约为 46.6%：53.4%，中央政府与地方政府财政支出占全国财政总支出之比是 14.6%：85.4%。[②] 地方政府在收入减少的情况下，却承担着大量的民生工程、社会服务等支出，只能“拆东墙补西墙”，缺乏足够的资金去推行民生服务，从而出现很多低层次的社会服务。

3. 城乡二元结构失衡

城乡二元结构是社会发展进程中遗留的一个问题，是各国广泛存在的问题，即城乡生产和组织的不对称，落后的传统农业与先进的现代经济并存形成的一种社会经济状态。从总体上来说，城镇居民的收入增长较快，农村居民收入增长相对缓慢，社会财富分配出现“马太效应”，即富的更富、穷的更穷。“统计数据显示，我国城乡居民收入差距经历了从高到低，又从低到高的‘U’字形发展。”[③] 农村经济状况直接决定着城市经济和社会的发展，乡村振兴是关系民族团结、国家繁荣的重大战略方针，关系到人民群众生活水平的提高，关系到改革、发展和稳定的全局。如果说在工业化初期农业支持工业是历史所趋，那么在工业化达到一定程度后，工业反哺农业、城市支持农村，则成为发展的必然。

在计划经济时代，以户籍制度为基础的城乡分割，导致国家为农民提供的社会保障十分有限，各项保障措施制度不完善甚至基本没有，农民主要依靠集体和家庭获得基本生活保障；而在城镇，国家为城镇居民提供了包括教育、医疗、住房、就业在内的社会保障，具体参见计划经济时代到改革开放时期城乡社会政策对比（见表 3-1）。

---

① 中国经济周刊．新分税制调整方案形成，中央地方将重新分配［EB/OL］．（2008-06-30）．http：//news. ifeng. com/mainland/200806/0630_17_623476. shtml.

② 王锦华．2013 年全国财政收入占 GDP 超 22.7%［EB/OL］．（2014-01-23）．http：//economy. caixun. com/wangjinhua/20140123-CX03cct2. html.

③ 国家统计局．中国城乡居民收入差距比为 3.1：1［EB/OL］．（2013-01-23）．http：//www. askci. com/news/201301/23/2315402157017. shtml.

表 3-1　计划经济时代到改革开放时期城乡社会政策对比

政策领域	城镇政策体系	农村政策体系
教育	义务教育	乡村教育
医疗	非缴费型医疗（公费与劳保）	农村合作医疗
就业	统一分配	自给自足
住房	福利分房	自力更生

资料来源：笔者整理。

改革开放以后，随着市场竞争的加剧，城乡分割进一步强化。有数据证实，城乡分割在某种程度上导致了医疗资源分配方面的不公平，城乡医疗方面的差距 88.1%是不公平的，仅有 11.9%的差距是合理的，越是大额医疗支出，城乡差距越严重。① 教育、医疗卫生和社会保障方面的公共资源大部分主要流向城镇。据统计，2002 年，全社会教育投资 5800 多亿元，占总人口 60%以上的农村只获得其中的 23%。另据统计，城镇人口中拥有初中、高中、大专、本科、研究生学历的人数，分别是农村人口的 3.5 倍、16.5 倍、55.5 倍、281.5 倍、323.0 倍。② 1984 年 1 月，中央下发《关于 1984 年农村工作的通知》，允许经商、务工、从事服务行业的农民到城镇落户，从此大量劳动力从农村向城市流动，但是城乡二元发展结构并没有发生根本性改变。③ 居住在城镇的农民基本从事最艰苦、最危险的工作，却无法享受城镇最低生活保障、廉租房、城镇医疗等福利和服务。

4. 社会政策支出偏低

社会政策支出决定了一个国家国民幸福指数或者说决定了一个国家公民享受的社会福利待遇。从西方国家来看，欧盟成员国每年在社会政策上的支出大约占国民生产总值的 30%，成为高福利国家。④ 社会政策支出涉

① 马超，顾海，李佳佳．我国医疗保健的城乡分割问题研究：来自反事实分析的证据［J］．经济学家，2012，1（12）：57-66.

② 徐道稳．迈向发展型社会政策：中国社会政策转型研究［M］．北京：中国社会科学出版社，2008：112.

③ 徐道稳．迈向发展型社会政策：中国社会政策转型研究［M］．北京：中国社会科学出版社，2008：110-111.

④ 岳经纶．以社会政策为中心推进政府职能根本转变［N］．南方日报，2013-03-04.

及公民生活的方方面面，需要政府介入并投入大量的财力、物力。

改革开放以来，我国以经济建设为核心，兼顾发展社会事业，重点发展经济。在改革开放初期，我国以“效率优先、兼顾公平”为政策导向，大量的公共支出用于基础设施建设，有力地拉动和促进了经济的发展，但是社会类支出稀少。从我国的公共支出类别来看，用于行政管理支出的财政资金比例最大，其次是经济建设支出，教育、医疗、卫生、服务等社会领域的支出所占比例不高，国防支出较低。我国社会领域支出主要类别为社会文教支出和社会事业支出。其中，社会文教支出包括用于教育、科学、卫生、文化、体育、广播等事业的经费，从2000年到2009年10年的发展来看，社会领域支出占预算内财政支出的比例变化不明显，2000年，社会文教支出约为4385亿元，占财政总支出的26%左右；2009年，社会文教支出约为19664亿元，占财政总支出的28%左右。社会事业支出从2005年开始在财政预算报告中出现，主要包括就业、社会保险、教育、科技等。2005年统计的社会事业支出数据为12497亿元，占财政总支出的30%左右，占GDP的5%左右。2009年，社会事业支出约为26076亿元，占财政总支出的35%左右。① 当前，我国经济高速发展，社会事业各方面都取得了巨大成就，政府财政收入逐渐增加，已经具备能力去推动财政改革，大力发展民生事业。从数据可以看出，政府在教育、医疗、社会保障、就业、住房等社会领域的投入呈上升趋势。

5. 非政府组织的缺位

从社会发展的潮流来看，政府是社会福利和社会服务的主要提供者，但并不是唯一的供给者。美国约翰·霍普金斯大学教授萨拉蒙概括了非政府组织具有的五个典型特征：民间性、自治性、组织性、非营利性和志愿性。② 发挥非政府组织的作用不仅可以改变传统的“自上而下”利益分配模式，还可以推动社会发展。当代社会政策强调混合福利，正如安德森所说：“我们必须承认，社会民主主义、自由主义和保守主义分类，不是纯

① 规划财务司.2000—2009民政事业发展统计公报［EB/OL］. http：//www.mca.gov.cn/article/zwgk/tjsj/.

② 萨拉蒙.全球公民社会：非营利部门视角［M］.贾西津，等译.北京：社会科学文献出版社，2005：12-15.

粹的形式，并没有任何一个国家恰好符合此种单一向度的纯粹案例。在盎格鲁撒克逊国家或许以社会救助体系为主，但是也有其他不同的方案，如美国的社会安全体系属于社会保险类型；北欧的高福利国家也有社会保险方案。总之，每一个国家都呈现出混合的体系。”① 因此，社会政策不仅要重视市场机制和企业的作用，还要重视第三部门在福利供给中的作用。

在计划经济时期，国家主导一切，市场与社会被排斥在外。改革开放以来，国家强调社会福利的社会化、市场化和产业化，引入市场机制。然而，在市场化过程中，并没有提升和加强非政府组织在社会服务与社会工作中的积极作用。面对日益复杂的社会，政府与非政府组织应当逐渐走向统一，面对现代社会需求多元化、社会风险增加，政府与非政府组织要改变原有认知，在合作中寻求发展，要保持双向沟通、相互协调、积极互动，建立平等互助的合作关系。

二、社会政策执行“中梗阻”

由政策执行的定义可以得知，政策执行不仅是一个动态过程，在这个过程中，各环节相互联系、相互协调、相互约束，而且在每个环节都有未知的因变量渗入，任意一个因变量出现变化，都会影响政策整体功能的发挥，同时会影响政策整体效果。因此，政策执行是一个复杂的系统。每项政策只有通过执行才能获得最终的结果，只有执行到位政策效益才能提高，才能对政策创新发挥积极作用。

（一）政策执行“中梗阻”

“梗阻”包括“梗”和“阻”两个方面的内容。所谓“梗”，本意是指一种带刺的树木，后引申为阻碍的意思；所谓“阻”，是阻挡、阻拦之意。“梗阻”用来表示事物在进行过程中出现阻碍和停滞。学者金太军等认为，“‘中梗阻’就是指在公共政策执行的实际过程中，政策执行主体往往会出于自身的态度、素质和能力等原因，消极、被动、低效地执行政

① 安德森．福利资本主义的三个世界［M］．郑秉文，译．北京：法律出版社，2003：30-31.

策，甚至影响和阻挠政策的有效执行”。[①] 政策执行的“中梗阻”可以解释为，政策执行主体受到消极影响从而阻碍执行，导致政策目标偏离，无法贯彻落实政策目标的。

社会转型期，各级政府要不断学习，强化政策制定的民主、科学与可持续，以使政策符合国情民意，符合社会和市场经济的发展走势及规律，更好地服务于社会。现阶段，我国政治、经济、文化、教育、卫生等领域总体运行平稳，但基层在政策执行过程中总会遇到各种各样的问题。政策执行是一个系统过程，包含了政策决策、制定、再决策、监督、协调等方面。在当前背景下，在政策执行过程中，执行是否到位、是否实现政策目标是考量政策执行有效性的最主要指标。在肯定当前我国政策执行所取得成效的同时，要充分考虑我国的国情与社会矛盾，特别是央地之间、制定与执行之间的问题，认真做好政策执行工作，以便更好地满足社会公众的需求。

（二）“中梗阻”的原因分析

探索和分析政策执行“中梗阻”的原因及表现形式，对推动我国社会政策的执行有积极作用。通常情况下，政策执行过程包括准备、落实和总结三个阶段，每个阶段又可以细分出很多具体环节。从主体、客体、环境、资源等因素的影响来看，主体和环境因素最重要，因此，本书主要从政策执行主体和政策执行环境两个方面进行论述。

首先，对于政策执行的主体而言，当一项政策制定完成后，政策执行者对于政策的认知、态度决定了政策的落实程度，政策执行中要以完成任务为第一要务，以最大限度减少偏差和风险的产生。其次，提高政策执行主体的整体素质和认真贯彻政策的思想认知。政策执行者的整体素质包括经验、信念、交流、社会沟通、技术能力和专业背景等，政策执行者的整体素质只有在政策执行过程中，才能不断提高和形塑。政策执行者要在政策执行过程中，逐渐提高政治活动机能，提高组织管理能力，为政策落实提供保障。

① 金太军，等．公共政策执行梗阻与消解［M］．广州：广东人民出版社，2005：150.

当前，我国政治社会化机制建设力度不强的原因主要有两个。一是随着市场经济的深入发展，很多人认为发展经济才是硬道理，而对社会领域问题的关注减少，从而对社会政策的产生、发展、深化产生影响，阻碍社会民主化进程，一些政策的执行出现失误与偏离。二是伴随全球一体化发展，西方的理念和思想传入我国，一些政策执行者没有提升识别能力，对于理论的理解不准确，影响了政策执行。

从政策执行环境来看，主要就政策执行的外部环境而言，“政策在执行中会受到环境的制约和影响，良好的政策环境有助于政策执行，不适宜的环境可能影响政策的执行。另外，影响政策执行的环境因素主要有政治环境因素，经济环境因素，社会心理因素和其他体制因素等”。①

第一，政治环境主要指国内外政治、经济、军事等因素的总称。政治是首要影响因素，一个公开、透明、高效的政府在政策推行、目标实现方面起着重要作用，从而为政策执行奠定基础。随着全球经济一体化进程的加快，中国和世界的政治文化交流进一步拓展，国际政治对于国内出台一些政策产生影响，这既是科技、网络、信息交流的结果，也是我们不断发展壮大的表现。

第二，经济环境包括 GDP、财富分配、产业结构、负债情况、技术开发等因素。政府制定任何政策都要基于本国、本地区的实际经济状况。同时，在世界一体化过程中，各国经济相互依存、相互依赖。政策如果不符合本国或者本地区实情，必然无法推行，甚至遭受失败。

第三，社会心理是对人们内心的道德、法制、文化适应等观念和态度的总称，社会心理会对政策发挥作用，积极的心理因素会提高目标群体的接受能力，同时，还能减少公众的心理负担和心理压力，增强其社会认同及适应能力。只有社会公众积极配合，一项政策才能实现最终目标。因此，政策目标的最终实现与公众心理有密切的联系。政策执行有可能会损害某些人的利益，维护部分人的利益，因而目标群体对于一项政策的肯定、支持和心理预期等是政策执行的重要基础。

---

① 陈振明．政策科学：公共政策分析导论（第 2 版）［M］．北京：中国人民大学出版社，2003：294.

第四，政策执行体制是指承担政策执行任务的机构和人员组成的结构体系，是规范政府行为、健全监督体系、评估制度的重要保证。积极配置政策资源、分配政策执行权力是政策执行体制的核心职能。“政策都是在一定的背景下产生的，外部组织环境中体制对于政策执行至关重要。”[①] 在传统集权体制下，权力高度集中，大部分时期表现为一种“自上而下”的政策执行模式。

Harry harding 认为，“当政策指令模糊不清时，中央的政治团体和精英就会产生严重的分歧；当政策方案与行政领导自身的利益相违背时，政策的执行就会变得非常糟糕”。[②] 政策执行模式随之发展与创新，有从社会公众需求出发的“自下而上”执行模式，以及“自上而下”与“自下而上”的整合模式。针对我国政治、经济、文化的差异性，还有东、中、西部发展的不一致，在政策执行中需要规范机制。同时，集权和分权要适度结合，既要发挥主观能动性，也要发挥公民积极性。由于缺乏全面的责任追究制度，政策执行过程易趋于政绩、趋于利益等，从而导致政策执行阻滞甚至梗阻。因此，建立长期稳定的预警机制和责任追究制度势在必行。

（三）“中梗阻”的分类

政策执行“中梗阻”是政策执行过程中的常见现象，由于执行过程的复杂性，影响因素众多，表现形式多种多样。当政策执行“中梗阻”出现，意味着政策目标部分或者完全落空，严重损害了国家和政府公信力。在社会急剧转型的时期，政策执行“中梗阻”主要表现为以下几种情况。

（1）政策认知的梗阻

从字面意思来看，认知即认识、知道、了解。认知行为是主体的重要机能，是主体意识活动的外在体现与展示，是主体对相关客体信息反馈的整合处理过程。因此，政策认知是政策制定主体和政策执行主体基于政策

---

① 陈振明．政策科学：公共政策分析导论（第 2 版）［M］．北京：中国人民大学出版社，2003：62.

② HARDING H. Organizing China［M］. Stanford：Stanford University Press，1981：350-351.

的了解、总结以及相关规律的发现所进行的判断与评估。对于政策制定主体而言，政策认知意味着对政治、经济、社会发展趋势以及国家发展建设的整体宏观形势的把握；对于政策执行主体而言，政策认知意味着执行者或执行部门对政策内容和政策精神的准确理解、认识与掌握程度，关系政策是否执行到位。通常情况下，政策认知是一个反应、理解、整合、选择的过程，只有明晰目标形成正确的认知，才能符合政策初衷，形成正确态度，从而贯彻落实政策以达到预期效果。缺乏准确的政策认知会导致政策执行的“中梗阻”。由于执行是政策认知的终极目标，错误的政策认知是影响执行的首要“中梗阻”，导致错误的政策执行行为、错误的执行方式，影响政策目标的达成。

从执行者的认知结构和认知行为来看，政策认知“中梗阻”的形成有其特殊的原因。认知本身属于复杂的结构范畴，政策认知更是一个复杂的系统，需要政策主体发挥主观能动性对政策进行筛选。政策认知主体的知识结构、年龄分布等决定了政策执行的最终趋势和发展。因此，认知结构和认知行为是导致政策“中梗阻”的第一因素，政策主体的主观能动性促动其对政策进行自我理解，基于“经济人假设”的执行主体总是希望政策对自己有利，促使其对政策进行新的建构或者对政策产生扭曲认知，从而在政策执行中发生目标偏离。有无“中梗阻”决定了政策最终是否落实。作为认知主体的政策执行者，如果减少认知结构和认知行为缺陷、减少政策执行的利益化趋向、减少政策执行的可选择性，“中梗阻”将不再成为一种阻滞。

（2）政策协调的梗阻

政策执行作为政策系统的一个重要环节，与其他环节相互联系、相互作用，在特定的空间、时间内，各环节之间只有协调一致，政策执行才能按照相关程序达到预期效果。相反，如果各环节不能相互协调，则会出现脱嵌的现象。政策协调作为部门与部门之间、政策与政策之间、新政策与旧政策之间、宏观政策与微观政策之间的一条纽带，决定了政策执行的有效性。从当前的情况来看，政策协调主要存在两个问题。一是对策多、相关配套政策少、政策之间重复甚至模糊，没有完整体系，容易给政策执行带来困难，且给政策执行者提供了“寻租”的可能性，某种程度上为政策执行“中梗阻”埋下了“隐患”。二是我国政府机构繁杂，行政人员职责不清，“政出多门”；当出现问题时，相互推诿，导致政策执行出现“真空”地带。

（3）政策资源的梗阻

政策资源是指在政策执行过程中，从政策制定到执行各个环节都需要具备配置和分配的制度性、物质性及法律性条件。因此，政策资源的缺乏在一定程度上阻碍了政策执行与政策制定的匹配，表现为政策执行结果偏离政策目标。现阶段，我国政策资源的缺乏主要表现为以下几点。

第一，实物、资金资源缺乏。资源的配置是政策制定与执行的重要保障，决定了政策的制定与执行过程顺畅与否。我国东部地区与西部地区在政策资源投入上存在巨大差异，导致一些政策在执行过程中，缺乏必要的财力支持。根据经济学中的“投入产出效益”，同样的资金在东部地区可能会产生更大的收益。因此，在西部地区常会出现政策执行困难和政策难以落实的问题。

第二，人才资源缺乏。执行人员的素质决定了一项政策在基层被接受、被认知的情况，培养和选拔人才是有效执行政策的基础。现阶段存在政策执行人员老、中、青三代交替不协调、政策执行组织结构不合理、人员配备不合理、人文素质较差等问题。因此，要大量培育人才，变“输血式”人才培养为“造血式”。

第三，信息资源缺乏。信息既是政策制定的关键因素，也是政策执行的重要资源，只有信息畅通，才能保证从上到下沟通顺畅，方便政策执行者进行计划安排与策略选择。在社会转型时期，我国部分地区信息传播渠道不畅、宣传不及时，致使政策执行效果大打折扣，政策制定者的权威受到不利影响。

三、社会政策执行的影响因素及模式

（一）影响社会政策执行的因素

1. 利益

社会政策涉及利益的结构调整和重塑，从而可保证社会安全、环境优化、福祉增加，使社会健康稳定发展。因此，利益在政策执行各环节中扮演了重要角色，决定着政策过程中的分配、协调等。麦克拉夫林认为："第一，政策执行者与受影响者之间彼此的需要和观点并不一致，基于双方在政策上的利益差异，彼此必须放弃或修正其立场，寻求一个双方皆可接受的政策执行方式；第二，政策执行者的目标与手段富有弹性，可因环境因素或受影响者需求和观点的改变而变化；第三，这一相互调适的过程是彼此处于平等地位的双向交流过程，并非传统理论者所说的'上令下行'的单向流程；第四，受影响者的利益价值与观点仍将反馈到政策上，以致左右政策执行者的利益、价值与观点。"① 可见，政策执行充斥着组织与目标群体之间的利益博弈，以及在目标与手段之间不断协调配合的过程，政策最终是否有效取决于政策目标与手段之间的调适。

2. 资源

资源是政策顺利执行的必要非充分条件。一般来说，政策执行需要的资源有四项：人员、信息、设备和权威。要顺利执行政策，既需要大量的专业人员，又需要具有管理能力的人员，因为政策执行人员的素质、能力、数量等会对政策执行效果产生影响。政策执行人员必须掌握相关政策内容、执行方式和方法以及注意事项，尤其是涉及目标群体的需要与诉求；只有掌握充分的信息，才能确保政策执行顺利进行，需要充足的经费来购置执行政策的设备和材料，包括雇佣相关执行人员等。在政策执行过程中，政策执行者还要具有强烈的责任心，具有某一方面的专长，善于协调、指导和控制相关过程。因此，政策执行人员的权威性是推动政策执行的有效资源。

3. 环境

在一定程度上，政策是环境塑造的结果，主要受自然和社会双重因素的影响与约束。宏观地看，环境是事物发生、存在的生态条件或行动的背景。② 政策执行过程中涉及的经济环境、政治环境、文化环境、国际环境等对政策执行机构的特性、执行人员的偏好和政策的最终执行结果有或多

① 陈庆云．公共政策分析［M］．北京：北京大学出版社，2006：172.

② 陈庆云．公共政策分析［M］．北京：北京大学出版社，2006：77.

或少的影响。经济环境提供了政策运行所需的人力、物力、财力、信息、权威等资源；政治环境决定了权力在政策主体之间的分配方式和运行机制，同时决定着政策从内容到表现形式的合法化；文化环境包含了影响政策执行的社会状况和文化因素，包括性别、年龄、受教育程度等。一个教育、科技、文化较为发达的社会，影响政策执行的环境因素能提高政策执行效率；相比国内环境而言，国际环境可为相关政策提供借鉴和指导，汲取国际先进经验推动本国或本地区的政策发展。

4. 制度

制度是人们共同遵守的规则、法令、习惯和价值。制度有超越个体行动者之外的合法性，并具有稳定性和系统性。健全的社会体制结构有利于政策充分发挥作用和效力。但是，现行体制结构存在各种问题，这些问题严重阻碍了政策的有效执行。从纵向上看，层级较多，执行效率低下，地方政府失去自主性，降低了其政策执行积极性。从横向上看，机构臃肿，不同部门之间权力交叉、职责划分不清，机构与组织部门之间权责不明，严重影响政策执行。政策执行监督机制应运而生，主要是为了检查和纠正政策执行过程中产生的问题，对于实现政策预期目标、防止行政权力过度使用有积极作用。当前政策执行过程中存在的主要问题是不能及时地根据客观环境调整政策，反馈机制不健全。只有完善反馈机制，才能进一步提高政策制定的科学性和合理性。

（二）政策执行分析

从中央政府制定政策到地方政府执行政策，整个过程可以概括为政策执行动员、指标分解与任务认领、制定配套政策并贯彻实施、政策执行监督与评估等四个阶段。

第一阶段：政策执行动员。一般情况下，为了贯彻执行中央政府的意见或者政策文本，中央会进行深入的、逐层级的、广泛的动员。动员的主要形式是召开各种会议。中央各相关部门、各省区市政府以及各部门负责人都要参加政策执行动员会议。中央开展动员之后，各省级政府也要按照文件要求进行广泛动员。

第二阶段：指标分解与任务认领。中央政府和省级政府的动员会议召开后，中央政府与地方政府（尤其是省级政府）进行指标分解与任务认领。上一级政府根据总体布局对任务和指标进行分配，了解下级政府以及相关单位对任务的理解和存在的疑惑，并与相关部门签订“责任书”，通过签订协议，确定地方政府对任务的认领。

第三阶段：各地方政府和相关部门研究制定配套政策并贯彻实施。地方政府通过研究中央政府的政策文本，对政策提供配套支持。配套政策主要分为两类：一类是中央政府有关部门根据某一项或几项政策而制定的细化措施；另一类是地方政府为了完成中央下达的任务，结合本地实情而制定的详细执行方案。

第四阶段：政策执行监督与评估。地方政府为了确保完成任务，通常会加大政策监督和核查力度。监督和评估主要方式：一是依照中央政策以及相关协议内容认定的监督、核查和评估责任与手段；二是负责人亲自监督和核查，确保政策落实到位。

（三）社会政策执行主要模式

自 20 世纪 70 年代以来，西方经历了不同的政策执行模式。对于中国社会政策的执行模式，学者们存有不同观点，集中和分散两种模式被视为中国社会政策执行的主流模式。集中可以从民主集中制来看，在中国共产党领导下，每级政府都以党委为核心，中央政府、地方政府机关、事业单位、国有企业、民营企业内部要统一思想战线；中央政府统筹各级地方政府，形成完整统一的体系。分散则表现在中央政府为了进行统筹管理，需要地方政府和各大中小企业、事业单位等协调配合，而这些主体和参与者有各自不同的利益倾向，对实施中央的政策难免有“选择性”。[①]

可见，从改革开放以来，“随着我国地方政府利益主体性的凸显，地方政府在执行中央政府的政策时会基于自身利益进行考量和选择，对中央政府政策进行一定的选择性执行”。[②] 因此，从地方政府的这种选择性执行方式可以发现，裁量、博弈以及两种方式的综合运用，对于政策执行起到

① 薛立强，杨书文．论中国政策执行模式的特征［J］．公共管理学报，2011（4）：1-8.

② 钱颖一．现代经济学与中国经济改革［M］．北京：中国人民大学出版社，2003：185.

了重要作用，是中国本土环境下政策创新的有效方式（见图 3-1）。

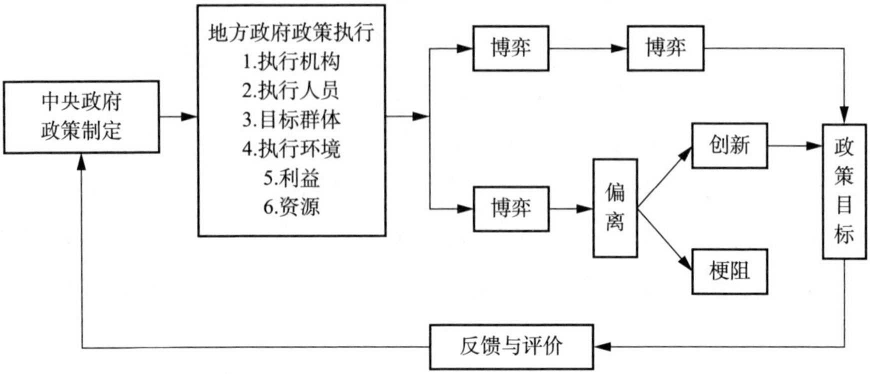

资料来源：笔者自制。

图 3-1　地方政府政策执行模式

1. 裁量型模式

（1）裁量型模式的原因分析

从政策文本入手，可以发现地方政府在政策执行过程中会根据政策文本进行裁量。在政策文本中常出现一些不确定性名词，这使得地方政府在执行过程中，需要对这些不确定性名词进行合理、必要的解释。例如，政策条文中常出现“情节严重的……”“有必要时……”等表述，这些模糊性表述需要地方政府进行重新理解、解释和确认。此外，政策文本中经常会出现“原则上”“适当”等词语，各个执行单位和部门应当根据具体情况具体分析，基于实际实施合法、有据的行为。从行政法的角度看，行政执行部门在法定种类和法定幅度内拥有自由裁量权。

通过以上分析可以得出，裁量的第一个原因是政策文本内容的不稳定性。政策文本稳定性是指各级地方政府执行政策的相对稳定状态。在分权体制下，地方政府基于自身利益，在政策执行过程中，继承和延续中央政策精神的同时，而对政策文本内容进行一定程度的裁量。

裁量的第二个原因是政策文本的等级与优先权脆弱。“一般而言，尽管社会规则系统有多层次的结构，但是我们许多实证研究却说明了规则系统的等级实际上是很脆弱的，容易受到外部侵蚀破坏与间歇性转型的影响”。[①] 有学者认为，“政策作为一种社会规则所体现的脆弱性特征，属于一种低层次的规范行列”。[②] 在特殊情况下，如果顺从国家的思路和方针路线，可能被赋予一些优等权。例如，在推进民生项目过程中，满足农民工群体的需求和诉求成为主要目标。因此，为了响应党和国家的号召，地方政府会对农民工给予更多关照。

裁量的第三个原因是政策文本“自上而下”的传递。以教育政策为例，中央教育行政部门一般负责制定政策执行原则和条例，地方政府负责具体执行，落实中央政策。当政策传达到地方政府，地方政府首先要对中央政府的政策文件进行解读，并根据本地区实际进行执行。

（2）裁量型模式的建构策略

第一，中央政府的“去脉络化”。“去脉络化”是指在政策制定阶段，中央政府必然将一部分意图和目的隐藏在总体性政策当中，从而形成一个政策文本或者行动的整体性纲领。政策制定后，政策执行成效如何我们无法预测，但是政策执行者执行政策过程中，自然会有一定的解释空间，从而形成广泛的执行路径。

第二，地方政府的“再脉络化”。在政策执行过程中，政策执行者对于中央政策的解读和阐释具有一定的创造性，这种创造性解释，是建立在分权基础上的自身利益考量；同时，将中央政府传达的具有指向性、引导性的政策文本转变为可落实的、有利的、有调适空间的政策实践或政策现象，这个过程就是“再脉络化”过程。

2. 博弈型模式

（1）博弈型模式的原因分析

改革开放以来，随着经济快速发展和市场化节奏的加快，地方政府逐渐成为博弈的主要力量。“从主观的角度来看，伴随着发展竞争的加剧，利益驱动地方政府开始谋求更多的经济、社会、政策等资源，在促进本地

① 伯恩斯．结果主义的视野：经济与社会的变迁［M］．周长城，译．北京：社会科学文献出版社，2000：184-185.

② 林小英．教育政策文本的模糊性和策略性解读［J］．教育发展研究，2010（2）：23-29.

区经济快速增长的同时，地方政府官员的政绩得以提升。”① “事实上，正是因为地方政府在市场竞争中博弈能力的提高和博弈意愿的增强，才使得地区经济发展加快，是我国改革开放以来经济发展最为迅速的阶段。”②

中央政府与地方政府的互动大致体现在以下三个方面。

第一，地方政府与中央政府的目标取向差异性。从经济发展角度来看，经济发展给国家、社会和地方带来更多的可分配资源，因此，在追求经济快速发展、国力强盛、人民生活水平提高这一目标上，中央与地方目标一致；从地方政府的角度来看，经济指标依然是其首先考虑的因素，直接关系到地方下一年度财政预算及中央财政的拨付，关系到地方政府行政官员的政治前途。

第二，地方政府职责的双重性。通过执行中央的政策，可以繁荣地方经济、加大地方公共服务的投入。公共服务的投入主要用于教育、医疗、基础设施等方面。但是，地方政府意图在市场经济中获得更多的经济利益，开发优势资源，进行大量投资，这对地方的发展与稳定提出了挑战。一些地方政府将经济和财政收入放在第一位，把政策目标群体的利益诉求、公平保障等放在经济发展之后。

第三，中央政府与地方政府之间的信息不对称。从行政管辖及对政策对象、目标群体的熟悉、认知程度来看，地方政府具有先天优势，地方政府对于本地区的社会、政治、经济、人文等情况比中央政府更了解。“中央获取地方信息晚于地方政府，同时地方政府有时候会采取一些措施隐瞒不利信息。因此，在一定程度上削弱了中央政府的宏观调控能力，直接影响调控整体效果，其中最突出的就是地方保护主义”。③

（2）博弈型模式的建构策略

第一，央地协调机制构建。首先，合理规划央地事权。在处理中央与地方的关系中，既要关注国家的整体性利益，又要兼顾地方的局部利益。在分权制下，国家既要掌握好宏观调控层面的“收”，又要做好地方执行

---

① 周黎安．中国地方官员的晋升竞标赛模式研究［J］．经济研究，2007（7）：36-50.

② 杨雪冬．社会变革中的政府责任：中国的经验［J］．中国人民大学学报，2009（1）：55-64.

③ 洪银兴．地方政府行为和中国市场经济的发展［J］．经济学家，1997（1）：42-49.

层面的“放”，使集中与分散二者合理有序。其次，合理规划中央与地方的财权。合理划分央地之间的事权和财权，必须用法律来规范和引导地方政府在决策权、管理权、事权、财权等方面做出调整，既要避免随意性，又要预防资源的不公平配置。从平衡的角度来看，地方政府的经济负担增加时，财权相对减少，需要中央政府给予财政补贴支持。

第二，权力监督机制构建。地方政府贴近基层，地方存在的问题及信息反馈多由地方政府负责上报中央，中央政府获取的信息主要源自地方政府。这种信息的单向传递使地方政府拥有较大的裁量空间。“要解决存在的问题，就需要加大力度推行民主监督模式——社会监督”，[①] 进一步拓宽信息传递和反馈渠道，充分利用媒体、互联网等对地方政府的政策执行行为进行监督，获取更加准确、全面的信息。

---

① 斯亚平．公共危机管理体系博弈模型分析［J］．中国行政管理，2008（7）：31-34.

第四章

转型期中国社会政策执行分析

20世纪80年代初期，在经济体制改革和对外开放背景下，为了应对诸如医疗、教育、住房、贫困、农村发展、弱势群体等社会问题，体制和制度不健全问题被提上议事日程。为此，我国在医疗、教育、住房等领域都进行了改革，本章主要从教育、住房、救助领域入手探索和分析中国社会政策执行的经验。由于研究能力有限，未涉及其他社会政策。

一、教育政策的执行

“百年大计，教育为本。”古今中外，教育都是传授知识、启发智慧、提升民族素质、促进社会进步的重要手段和基石。进入21世纪，随着全球经济一体化、网络与信息科技的突飞猛进，劳动力素质及国民的创新能力决定了国家的竞争实力，而人才是核心竞争力。因此，世界各国纷纷提出创建学习型社会或者知识型社会，而这离不开教育政策的有效执行。

行政机构设置，具有明显的科层制特征，以发布指令和控制为主，通过对权力的等级划分来明确各自的职责，“自上而下”地进行传递。在教育领域，中央教育部门决定全国的教育事务并出台相关政策，地方教育部门必须按照中央教育部门的要求制定相关实施办法，负责具体执行。教育政策的执行是教育政策运行的一部分，是教育从理想变为现实的主渠道。只有通过有效执行才能实现教育政策的目标和价值，发挥教育政策的社会效应，以便进一步检验政策成效并修正、完善。

关于教育政策执行，国内学者意见各异。袁振国提出，“政策的执行者依据政策的指示和要求，为实现政策目标、取得预期效果，不断采取积极措施的动态行动过程”。[①] 王世忠认为，“教育政策执行是教育政策执行者按照一定的政策方案，运用各种政策资源，在一定时期内为实现政策目标，把教育政策所规定的内容转化为有效现实成果的双向互动过程”。[②] 本书以义务教育阶段有关农民工子女教育政策为例进行剖析，认为农民工子女义务教育政策执行就是地方各级政府与政策执行主体运用信息和资源，为实现“普九”教育的政策目标，协调各利益主体，将中央政府的政策方案内容转变为实际行动的过程。

（一）中央有关农民工子女义务教育政策

教育应被置于优先发展的战略地位，不仅需要国家制定相关政策，还需要各级地方政府认真贯彻落实。在社会转型阶段，大量农村剩余劳动力转移城市成为不可逆转的趋势。同时，随着农村进城务工人员增加，他们的子女的义务阶段教育逐渐成为显问题，为此尤其要关注弱势群体的子女教育问题。对于国家来说，少年儿童是未来，少年儿童是社会的一个特殊群体，教育政策当发挥其应有的作用。

2003 年 9 月，教育部等六部委联合发布了《关于进一步做好进城务工就业农民子女义务教育工作的意见》，明确提出要重视处于弱势地位的“进城务工人员的子女问题”，首次把目标瞄准非城市人员的子女。政策虽然得以出台，但是还有很多环节要完善，需要各个部门和单位进行协调。为此，《关于进一步做好进城务工就业农民子女义务教育工作的意见》第一条要求：“要更好地服务进城农民工群体子女的教育工作，要体现‘三个代表’重要思想，同时贯彻落实《中华人民共和国义务教育法》、加快城市发展速度和建设规模、推进农村富余劳动力的输出和转移，更好地维护社会稳定，扎实地做好此项工作。”

如表 4-1 所示，在政策文本的演变中，中央对于农民工子女义务教育问题认识日渐深入。在我国城镇一体化建设过程中，农民工对城市发展做出了卓越的贡献，重视农民工及其子女教育等问题是社会发展所需，国家

---

① 袁振国．教育政策学［M］．南京：江苏教育出版社，1996：64.

② 王世忠．关于教育政策执行的涵义、特征及其功能的探讨［J］．湖北教育学院学报，2001（1）：64-69.

经历了一个从认识到关注从而完善的过程；同样，针对农民工子女的教育政策也经历了一个“限制—认可—明朗—强化”的过程”。[①]

表 4-1　中央有关农民工义务教育政策文件（会议内容）

时间	部门	文本（会议内容）	核心语句
1995 年	国家教委	教育工作会议内容	流动人口的子女教育
1996 年	教育部	《城镇流动人口中适龄儿童少年就学办法（试行）》	流动人口子女由监护人持暂住证向流入地住所附近小学提出申请，经学校同意后入学
1998 年	国家教委、公安部	《流动儿童少年就学暂行办法》	严格控制流动儿童外流，同时流入地政府要提供机会给流动儿童
2001 年	国务院	《国务院关于基础教育改革与发展的决定》	解决流动人口子女义务教育，以流入地政府和全日制公办中小学管理为主
2003 年	国务院办公厅	《关于做好农民进城务工就业管理和服务工作的通知》	流入地政府采取多种形式，解决农民工子女入学；兴办农民工子女简易学校
2003 年	教育部联合中央编办、公安部、国家发展改革委、财政部、劳动保障部	《关于进一步做好进城务工就业农民子女义务教育工作的意见》	流入地政府负责进城务工就业农民子女接受义务教育，地方政府要建立保障制度和机制，收费一视同仁
2005 年	国务院	《关于深化农村义务教育经费保障机制改革的通知》	农村义务教育纳入公共财政保障范围，中央与地方分项目、按比例分担教育经费
2006 年	全国人大常委会	《中华人民共和国义务教育法》	强调教育均衡发展

资料来源：根据教育部网站公开信息整理。

（二）地方有关农民工子女义务教育政策

本书选取江苏省苏州市相关教育政策的执行文本进行对比分析。近几年，随着人口流动量的增加，进城务工群体逐渐壮大。苏州作为人口输入大市，聚集了大量高科技企业，吸引了大量农民工来苏州就业。农民工子女的教育问题因而被提上了苏州市人民政府的议事日程，如何保障农民工

① 吴新慧，刘成斌．出路与保障：农民工子女教育的国家政策［J］．中国青年研究，2007（7）：13-16.

子女的受教育权益，通过什么渠道合理解决成为非常现实的问题。伴随着打工潮的涌入，苏州市非常关注农民工子女的教育公平。“目前，苏州市常住人口已经超过1250万，其中户籍人口和非户籍人口比例大体相当，具体数据为610万左右。从2000年开始，苏州市人口数量增长迅速，平均每年以60万~70万的速度增长，苏州已成为一座现代化的移民聚居城市。”

作为苏州市教育主管部门，苏州市教育局主要职能是全面贯彻党和国家的教育方针、政策，落实国家和地方有关教育的法律、法规；研究草拟地方性教育法规和政策。研究全市教育发展战略思路，统筹规划、协调指导全市教育体制和办学体制等方面的改革；研究制订并组织实施全市教育事业的发展规划及年度计划。会同有关部门拟定有关教育经费筹措政策、学校收费政策，对全市教育经费筹措、使用进行指导、管理和监督。苏州市教育局针对农民工子女教育的相关政策如表4-2所示。

表4-2 苏州市教育局针对农民工子女教育的相关政策

时间	部门	文本（要求）	核心语句
2002年	苏州市人民政府	《苏州市进城务工就业农民子女就学管理办法》	将农民工子女义务教育纳入社会事业规划
2003年	苏州市教育局	《关于进一步扩大对内外开放相关政策的意见和实施细则》	简化、规范入学手续，放宽招生规模限制
2004年	苏州市人民政府	《关于进一步做好流动人口子女义务教育工作的意见》	流动人口子女义务教育要按分级办学分级管理的办法，由流入地政府负责，以全日制公办中小学实施为主。流入地人民政府和教育行政部门要将流动人口子女接受义务教育纳入当地义务教育发展规划；对在城市中小学就学的农民工子女，其收费标准要与当地学生一视同仁
2005年	苏州市人民政府	《关于初级中学入学工作指导意见》	农民工子女“相对就近，集中安排”在苏州接受义务教育，到指定的公办初中就读
2006年	苏州市人民政府	全市开展免费义务教育	实行免费义务教育

续表

时间	部门	文本（要求）	核心语句
2006 年	苏州市人民政府、江苏省教育厅	《关于发放进城农民工子女义务教育证的通知》	省内到户籍所在地的教育主管部门办理义务教育证，凭该证到父母工作所在地享受免费教育
2010 年	苏州市教育局	《2010 年苏州市区小学升初中入学工作意见》	定点吸纳外来学生，加大帮困助学工作的力度

资料来源：根据苏州市人民政府、苏州市教育局网站公开信息整理。

（三）教育政策执行分析

政策的最终目的是促进各相关方相互协调与互动，实现有限资源的合理配置，从而达到政策目标。《关于进一步做好进城务工就业农民子女义务教育工作的意见》（以下简称《意见》）和《流动儿童少年就学暂行办法》（以下简称《办法》）是当前苏州市解决进城农民工子女义务教育问题的主要政策文本。阅读政策文本可以发现，“流入地政府的全日制公办中小学都要积极承担和负责进城农民工子女的义务教育问题”。可见，流入地政府的执行结果和行为选择直接决定进城农民工子女义务教育政策的有效执行。

《意见》第七条：进城务工就业农民流出地政府（以下简称“流出地政府”）要积极配合流入地政府做好外出务工就业农民子女义务教育工作。流出地政府要建立健全有关制度，做好各项服务工作，禁止在办理转学手续时向学生收取费用。建立并妥善管理好外出学生的学籍档案。在进城务工就业农民比较集中的地区，流出地政府要派出有关人员了解情况，配合流入地加强管理。外出务工就业农民子女返回原籍就学，当地教育行政部门要指导并督促学校及时办理入学等有关手续，禁止收取任何费用。

通过《意见》第七条可知，中央提出了明确的指导性意见，要求流出地政府积极配合流入地政府做好外出务工就业农民子女的义务教育工作。作为地方政府，苏州市人民政府根据政策文本制定了《苏州市进城务工就业农民子女就学管理办法》（以下简称《管理办法》）。《管理办法》提出将农民工子女与本地区学生一起纳入苏州市的学生整体基数当中，按区域分流。2003 年 8 月，苏州市教育局出台了《关于贯彻〈关于进一步扩大对内外开放若干政策的意见〉的实施细则》，在原有基础上进一步放宽了招生计划，并且简化学生入学手续。通过全市各单位的协作，让农民工子女可以就近入学，从而保证农民工子女与本地学生在招生、升学、考试、教学方面不存在任何歧视和区别对待。当地政府为了更好地贯彻落实中央文件精神，其主要做法可以归纳为以下几点。

第一，加强政策认知能力，解决农民工子女就学问题。对于流入地政府而言，外来务工人员给当地经济发展做出了贡献，流入地政府应积极响应中央的号召，解决农民工子女就学问题，使其免于两地奔波。流入地政府根据中央政策制定本地具体政策，如 2004 年，苏州市出台的《关于进一步做好流动儿童人口子女义务教育工作的意见》明确，流动人口尤其是农民工群体，在子女接受本地区教育方面由流入地政府负责，本地区按照分级办学和分级管理的方式进行，同时以全日制公办中小学为主。流入地人民政府和教育行政部门要将流动人口子女接受义务教育纳入当地义务教育发展规划；同时规定："对在城市中小学就学的农民工子女，其负担的学校收费项目和标准要与当地学生一视同仁。"这完全解决了农民工的后顾之忧，使他们可以放心地在流入地工作。流动人口子女都进入公办学校进行学习，如遇个别生源较多又难以入学的学校，则由流入地教育局出面安排到其他学校就读。

第二，建立流入地政府与流出地政府的衔接网络。苏州市的教育发展水平在全国来说是屈指可数的，在教育政策创新和所取得教学成果方面走在全国前列，有许多经验可以借鉴。中央政策文本虽明确规定了由流入地政府负担义务教育责任，流出地政府配合，但是实践中仍存在农民工要两地跑的问题，既影响务工，又影响子女教育。为此，要加强流入地与流出地的联系，借助于网络化手段和措施，建立教育数据库，所有入学适龄儿童的信息都登记上网，政府部门可以网络化方式办公。流出地政府及时备案流出本地的义务教育阶段农民工子女，流入地政府负责监管。因此，两地政府部门，尤其是教育部门要做好协调工作，通过网络手段获取和核实农民工子女的信息。如此，对于政府部门而言，减少了很多不必要环节；

对于家长而言，可以解决子女入学问题，减少两地奔走费用，快捷又高效。

第三，严肃学籍管理，提高入学机会。农民工子女凭借户籍所在地教育主管部门出具的“义务教育证”，可以到父母工作所在地接受义务教务阶段的免费教育。

第四，加强与社区的联系，减少辍学儿童。

第五，合理划分学区，确保农民工子女可于公办学校就读。农民工子女在苏州接受义务教育，可按照“相对就近，集中安排”的原则到指定的公办学校就读。

第六，义务教育免费。政策规定义务教育阶段的学生均免费接受教育。

二、住房政策的执行

住房是人的最基本生存条件之一，住房具有双重属性：一是商品属性，二是社会保障属性。目前，我国城镇居民的居住状况得到了显著改善，居住条件不断提高。但仍然有相当数量的城镇家庭存有居住问题，需要政府提供救助和保障。

住房权是一项基本人权，政府有责任解决中低收入阶层的住房需求。制定公共住房政策的直接目的是维护社会秩序、减少社会冲突、保证经济和社会生活的正常运转。在市场竞争中，优胜劣汰和两极分化不可避免，导致强者越强、弱者越弱，致使社会不公，引发各种矛盾。此外，实施公共住房政策还可以凝聚社会力量，稳定社会局面。

计划经济时期，我国单纯强调住房的社会保障属性，而否定其商品属性；市场经济环境下，又强调住房的商品属性，而忽视其社会保障属性。实践表明，必须兼顾住房的商品属性和社会保障属性，单纯地强调某一方面无法真正解决问题。

（一）中央的相关政策

在经济发展和体制改革过程中，我国建立了低收入家庭的住房保障制度。1980 年初，我国住房资源严重短缺，政府集中力量扩大住房建设，但是低收入家庭的住房保障问题没有引起关注，仅针对无房户和特困户出台了一些保障性政策。1992年后，市场经济全面发展，住房问题逐步通过市场加以解决，居民住房不均问题凸显，国家开始建设保障性住房。从全国范围来看，保障性住房主要包括经济适用住房和廉租住房，城镇住房政策的发展演变见表4-3。

表4-3 城镇住房政策的发展演变

发展阶段	部门	文本	措施	政策模式
1980—1988年试点阶段	国务院	《全国基本建设工作会议汇报提纲》	出售新、旧公房，住房商品化，租金改革三大试点	住房商品化政策探索
1988—1994年住房改革起步阶段	国务院	《关于全国城镇分期分批推行住房制度改革的实施方案》	改革公房低租金制度，组织集资建房，公有旧房按标准价出售，发展商品住房	出售新、旧公房，推动住房商品化
1994—1998年深化住房改革阶段	国务院	《关于深化城镇住房制度改革的决定》	建立以中低收入为对象的经济适用住房供应体系，建立以高收入家庭为对象的商品房供应体系	推行住房商品化
1998—2003年住房分配货币化改革	国务院	《关于进一步深化城镇住房制度改革，加快住房建设的通知》	停止住房实物分配，推行公积金制度，建设廉租房、经济适用房	以市场为主的住房商品化政策
2003—2007年建立住房保障制度	国务院	“国八条”、新“国八条”、“国六条”	调整住房供求的结构性矛盾，调控房地产市场	调控市场，多渠道保障住房
2008年以来强调深化保障性住房制度	国务院	《关于落实城市低收入困难家庭的住房意见》	建立健全城市廉租住房制度，各级机关不搞集资建房，规定保障住房面积标准	保障性住房政策体系

资料来源：根据相关政策文件整理。

（二）地方保障性住房相关政策

以南京市保障性住房政策为例。

1.《南京市住房保障细则》[①] 的特点

（1）政策文本充分细化，更具操作性

新的《经济适用房管理细则》分八章共五十九条，涉及保障房的建设、准入退出、市场价格和监管；新的《廉租房保障管理细则》分八章共三十二条，涉及保障房的标准、条件、对象、程序以及资金来源等内容。

（2）多种保障方式

“补人头”与“补砖头”相结合，有租赁补贴和购房补贴。

（3）民生优惠政策

与城市基础设施配套的各种行政事业类和政府性基金项目费用全免，同时可以享受信贷、税收优惠，满足城市低收入家庭对交通等基础设施的需求。

（4）突出保障房特性

强调保障性住房属于政策类住房，限制保障性住房的建筑面积，同时对实物配租住房的建筑面积做出了规定。

（5）完善准入退出机制

对保障性住房的供给目标群体进行严格界定，同时对保障性住房的申请、审核、公示等各环节的程序、内容做了明确要求。对保障房的购买价格、相关纠纷行政复议等方面做了详细规定。

（6）强化政府部门之间的协作

针对涉及保障性住房的十多个部门，明确各自的职权和责任，对社区、街道、市一级政府相关责任做了明确规定，进一步深化了部门之间的协调与配合。

2.《南京市住房保障细则》的主要内容

（1）扩大保障对象的范围

确定了低收入家庭人均住房建筑面积低于 15 平方米的，即可以申请，同时对在南京市工作满五年以上的人员实施住房的动态管理，具体办法由市房产局制定并报市政府审批。

---

① 南京市住房和城乡建设委员会．南京市住房保障细则［EB/OL］．（2013-05-13）．http：//www. njszjw. gov. cn/ywtd/zfbz/bzfzt/index. htm.

（2）增加住房保障方式

以货币补贴为主、实物配租为辅的保障方式，对符合条件的低收入家庭发放租赁补贴或者困难补贴，对低保住房困难户及其他特殊困难户实行实物配租，对购买其他住房的低收入家庭发放购房补贴，向符合条件的家庭出售经济适用房。

（3）明确保障性住房的供应对象

该细则将供应对象分为三类。第一类是城市低收入困难家庭，条件是在本市工作或者常住满五年，同时人均月收入低于 800 元，人均住房建筑面积低于 17 平方米；第二类是被拆迁家庭，要求必须具有本市常住户口，本市以外无住房，货币补偿款在当年规定的标准以下，人均年收入低于本市人均可支配收入；第三类是符合条件的政府征地拆迁家庭。

（4）严格申请和审核程序

申请保障性住房必须严格遵循程序：由社区进行调查摸底，街道负责审查，街道审查完毕交区一级政府审批，区一级政府审批完毕交省保障性住房办审批。通过审批的家庭要在社区进行公示，并登报公示，确认其保障资格和方式。

（5）完善住房准入退出管理

根据国家相关政策，符合保障房住房申请条件的家庭如果出现不能按时交纳租金等情况将受到处罚，严重的收回住房。

（6）发放购房补贴

对于购买其他住房的住房困难家庭，给予购房补贴，以“补人头”的方式解决居民住房问题。南京市通过试点，取得了不错的效果，缓解了政府压力。

（7）加大各项政策优惠力度

以经济适用住房为例，建设用地以划拨方式优先供应，在建的住房项目严格执行国家费用免收政策，免收城市基础设施配套费等相关行政事业性收费。对已经审批的可以销售的经济适用房免收营业税。经济适用住房周边的配套道路、照明、排污、排洪等非经营性市政公共基础设施建设的费用，以及征地拆迁费用均由市政府纳入市建工程年度计划进行解决。

（8）完善单位集资建房的规定

规定远离市区和城区的企业以及住房困难户众多的企业，在符合土地利用、城市规划、住房建设的条件下，经过市政府审批同意，可以利用自有土地进行集资建房。参加集资建房的对象，必须是符合南京市有关规定的本单位困难家庭。

3.《南京市住房保障细则》实施的总体要求和具体工作

总体来说，就是要努力实现“三个全覆盖”，即内容的全覆盖、对象的全覆盖、区域的全覆盖；同时要确保“五个到位”，即相关配套政策必须到位、保障资金必须到位、保障住房的方式必须到位、目标任务必须到位、业务建设必须到位。在具体实践中，要做好以下工作：首先是全面启动城市低收入住房困难家庭的申请和审核工作。各社区要认真细致地进行宣传、调查和培训，全面展开此项工作。其次是完善与《南京市住房保障细则》有关的配套政策，包括经济适用房上市管理、购房补贴发放、集资建房以及营业税免收等相关配套政策文件。最后是加速推进住房保障工作的三项重点工程：一是加快经济适用房工程建设；二是加快危旧房改造工程建设；三是小区出新和房屋整治工程。

（三）住房政策执行分析

经过30多年的摸索和不断推进，我国的住房政策发生了重大转变。30多年的房改和住房政策建设取得了显著成效，但是尚存一些不足和问题。

1. 取得的成效

第一，城镇居民住房条件得到了极大改善。我国自住房制度和政策改革以来，我国城乡居民人均住房面积从1978年的不足7平方米提高到2002年的22.8平方米，[①] 到2020年，我国家庭户人均居住面积达到41.76平方米，住房条件大大改善，同时，住房的内在质量获得大幅度提升。

第二，居民住房消费观念发生转变。改革开放40多年，实物分房的旧体制已经被打破，逐渐转向依靠市场解决居民住房问题。房地产市场已经

① 陈媛．中国城乡居民人均住房面积增长［EB/OL］.（2013-03-05）. http://news.china.com.cn/2013lianghui/2013-03/05/content_28131485.htm.

成为实现居民住房需求的主要载体，极大地调动了社会各方住房建设的积极性，房地产开发商、房产交易中介、租赁服务机构、物业管理结构等都有了飞快发展。

第三，房地产市场成为国民经济支柱。由于市场化的推动，房地产市场成为推动经济增长的重要力量，促进了经济持续快速发展，拉动了内需，成为重要的就业渠道。

第四，据建设部统计，自廉租房等政策颁布实施以来，截至2007年6月底，在全国656个县级以上的城市中，有587个建立了廉租房制度，占县级以上城市的89.5%。其中，全国287个地级以上的城市建立了廉租房制度；369个县级市中，有300个城市建立了廉租房制度。2006年底，通过租赁补贴和实物配租方式累计解决了26.8万中低收入家庭的住房问题，对27.9万承租公有住房的低保家庭实行了租金减免。[①] 1998年到2002年，中国经济适用房实际开工7.2亿平方米，销售情况良好，经济适用房占商品房的比重为41%。[②] 2011—2012年实际建成保障性住房1000万套。[③] 据国家统计局数据，2019年我国共建成经济适用房约1036万套。

2. *存在的问题*

我国住房政策改革和实践成绩表明，住房市场已经成为整个市场经济体系的重要组成部分，住房改革成果惠及了广大城镇居民和中低收入家庭。但是，我国住房制度改革中仍存在以下问题。

第一，目标对象模糊。我国将中低收入群体纳入住房福利供给对象，而中低收入本身是一个不确定甚至模糊的定义。

第二，转型期住房保障制度建设滞后。虽然我国已建立起了以经济适用房、廉租房、公租房为主要内容的住房保障制度，但仍然不能满足需求。一方面，地方政府重视不够，住房保障覆盖范围小。另一方面，住房保障方式存在重购买轻租赁问题，导致保障手段单一，缺少综合配套措施。对于经济适用房，只是在房价上进行了控制，其他措施没有及时

---

① 李迎生．当代中国社会政策［M］．上海：复旦大学出版社，2012：171.

② 李勇辉．城镇居民住宅消费保障制度［M］．北京：中国经济出版社，2004：163.

③ 中国房地产政策设计研究组．中国保障性住房建设市场及发展机会研究［EB/OL］．(2011-08-17)．http：//fdc.soufun.com/news/zt/201108/baozhangfang2.html.

跟进。

第三，住房保障资金缺乏稳定的渠道。财政资金不足、资金渠道不稳定，廉租房建设缓慢，覆盖面小。

上述这些问题，有的是因为制度设计不合理，有的是因为政策执行不到位。只有坚持政府主导下的干预与进一步完善住房制度改革，才能促进住房保障体系更加健全完善。

三、低保政策的执行

（一）低保政策的发展与演变

“低保”制度是“根据维持最低生活水平的消费需求设立一个保障标准，当居民收入水平低生活困难时，有权利根据这项制度按法定程序申请政府提供的现金和实物救助”。[①] 1993 年 6 月，上海首创“城市居民最低生活保障线制度”。我国城乡“低保”制度的发展大体上经历了三个阶段。

第一阶段，1993 年 6 月至 2001 年 10 月，核心是建立城市居民“低保”制度。这一阶段又可以分为两个时期：1993 年 6 月至 1999 年 10 月，创立城市“低保”制度时期。从上海市的社会救济制度改革开始，到 1999 年 9 月国务院出台《城市居民最低生活保障条例》（以下简称《条例》），用了 7 年的时间，由点到面，实现了在全国普遍建立城市“低保”制度的目标。起初，这项制度是一些地方政府出于现实需求而进行的政策创新。继上海市确立这一制度后，1995 年初，青岛、福州、大连、广州、烟台和厦门等东部沿海城市相继建立该项制度。民政部积极肯定且广泛推广，推进了这项制度的发展。

为了巩固“低保”制度成果，进一步提高其法律地位，1999 年 9 月，国务院颁布了《条例》并于 10 月 1 日正式实施，规定：“持有非农业户口的城市居民，凡共同生活的家庭成员人均收入低于当地城市低保标准的，均有权申请获得基本生活保障。”“对无生活来源，无劳动能力又无法定赡养人或抚养人的城市居民，批准其按照当地低保保障标准全额享受”，“对

---

① 唐钧．中国城市贫困与反贫困报告［M］．北京：华夏出版社，2003：73.

尚有一定收入的城市居民，批准其按照家庭人均收入低于当地低保标准的差额享受”，从而明确了“低保”对象及所获得的救助标准。全国各省会、区首府、直辖市最低生活保障制度建立时间如表 4-4 所示。

表 4-4　全国各省会、区首府、直辖市最低生活保障制度建立时间（以时间先后为序，不包含港、澳、台）

序号	城市	创立时间	序号	城市	创立时间
1	上海	1993 年 6 月	17	南京	1996 年 8 月
2	福州	1995 年 1 月	18	郑州	1996 年 8 月
3	杭州	1997 年 1 月	19	呼和浩特	1997 年 1 月
4	南昌	1997 年 1 月	20	拉萨	1997 年 1 月
5	海口	1995 年 1 月	21	哈尔滨	1997 年 4 月
6	沈阳	1995 年 3 月	22	成都	1997 年 7 月
7	广州	1995 年 7 月	23	长沙	1997 年 7 月
8	南宁	1995 年 9 月	24	太原	1997 年 8 月
9	石家庄	1996 年 1 月	25	西宁	1998 年 1 月
10	武汉	1996 年 3 月	26	天津	1998 年 1 月
11	北京	1996 年 7 月	27	西安	1998 年 1 月
12	重庆	1996 年 7 月	28	贵阳	1998 年 1 月
13	济南	1996 年 7 月	29	兰州	1998 年 1 月
14	昆明	1996 年 7 月	30	银川	1998 年 1 月
15	合肥	1996 年 7 月	31	乌鲁木齐	1998 年 1 月
16	长春	1996 年 7 月			

资料来源：王小章. 中国发达地区社会保障：来自浙江的报告［M］. 杭州：浙江大学出版社，2007：138.

1999 年 10 月至 2001 年 10 月，完善城市“低保”制度时期。当全国所有的城市和县镇都建立起这项制度时，则面临一个政策落实的关键问题，即“低保”经费问题。从现实来看，要发挥这一制度的作用，发挥其对贫困人口的救助功效，就得突破“资金瓶颈”。但实际上，由于经济发展水平的差距、财政支出的承受力不一样，各地方政府对落实该项制度的态度各异。尤其是落后地区，较为迟疑。为了走出困境，2000 年，国务院做出决定，2001—2003 年，中央财政在“低保”项目上的经费支出增加了 9 倍，从 2000 年的 9 亿元增加到 2003 年的 90 亿元，再加上地方政府的财政支出，2003 年“低保”经费总额达到 150 多亿元，充分保证了“低保”人口的生产生活。

第二阶段，2001 年 10 月至 2007 年 3 月，探索“低保”城乡一体化。通过不断发展和完善城市“低保”制度，1996 年民政部办公厅下发了《关于加快农村社会保障体系建设的意见》，该意见明确指出：“农村的低保制度主要是对家庭人均收入低于生活保障标准的农村贫困人口，按照最低生活保障的标准进行差额补助。”北京、浙江、上海、广东等省市也提出“进行城乡低保制度整体发展和规划”的政策设计。在探索建设城乡居民“低保”制度的过程中，国家不断探索和尝试建立新的保障模式，进一步完善社会保障制度，具体如表 4-5 所示。

表 4-5　我国有关补充性社会救助的主要政策法规及颁布实施时间

政策法规名称	颁布实施时间
《城市生活无着的流浪乞讨人员救助管理办法》	2003 年
《关于实施农村医疗救助的意见》	2003 年
《关于进一步做好城乡特殊困难未成年人教育救助工作的通知》	2004 年
《农村医疗救助基金管理试行办法》	2004 年
《城镇最低收入家庭廉租房管理办法》	2004 年
《关于做好普通高等学校困难毕业生救助工作的通知》	2004 年
《关于建立城市医疗救助制度试点工作的意见》	2004 年
《城镇最低收入家庭廉租住房申请、审核及退出管理办法》	2005 年
《国家助学奖学金管理办法》	2005 年

资料来源：王小章．中国发达地区社会保障：来自浙江的报告［M］．杭州：浙江大学出版社，2007·138.

第三阶段，自 2007 年 3 月以来，全面进入“低保”覆盖阶段。以 2007 年 3 月 5 日的《政府工作报告》为起始，中央政府提议：“今年在全国范围内开始农村最低生活保障制度试行。"《中共中央　国务院关于积极发展现代农业推进社会主义新农村建设的若干意见》提出，农村低保制度在全国范围内实施，是社会经济发展趋势，各地方政府要依据当地经济发展现状，统筹规划制定合理的低保对象标准和范围，个别地区进一步完善相关制度，同时扩大中央财政支持力度。这一文件的出台，标志着我国已经将农村保障纳入国家整体规划保障战略当中，真正实现"低保"全面覆盖，对于进一步促进社会稳定、民族团结、社会和谐、社会公平有着积极意义。

（二）地方政府"低保"政策执行

以南京市为例，2011 年南京市民政局就《南京市城乡居民最低生活保障条例实施细则》① 征集社会意见。与原细则相比，新的细则对低保待遇的具体范围做出认定，删除一些过时的条款，重新调整了相关内容。

1. 删除了饲养宠物等条款

《南京市城乡居民最低生活保障条例实施细则》删除了"饲养高档宠物""使用高档移动电话"等不能享受低保的条款。

2. 子女择校不受限制

《南京市城乡居民最低生活保障条例实施细则》删除了"自费安排子女择校就读"不能享受低保的条款。南京市相关单位解释说："现实中有的孩子爷爷奶奶条件好，爷爷奶奶会出资让孙子（女）去更好的学校就读。考虑到这一情况实际存在，故删除这一项。"

3. 房产界定标准放宽

《南京市城乡居民最低生活保障条例实施细则》明确规定：拥有 2 处以上房产且人均住房面积超过当地政府公布的当地人均住房面积的，不再享受低保。只有一处房产的困难家庭，即使人均住房面积超标也可以申请低保。

---

① 唐悦．南京市新低保政策实施细则即将实施［EB/OL］.（2004-12-04）. http：//news. sohu. com/20041204/n223323316. shtml.

4. 五年内买过房不能吃低保

《南京市城乡居民最低生活保障条例实施细则》明确规定，享受低保期间或者提出低保申请之日的前5年购买过商品房或者经济适用房的，不再享受低保。因征地拆迁安置、国有土地征收的除外。

5. 失独父母低保金增发20%

《南京市城乡居民最低生活保障条例实施细则》明确规定，到2015年末，南京市城市与农村的低保标准达到统一，同时，失独父母低保金增发20%。增加对特殊人群的发放比例，残疾人由10%提高到20%；幼儿园学生、中小学生、大中专学生提高到20%；重残人员按照低保标准的1.3倍提供保障。

6. 首次提倡低保标准自然增长机制

首次将低保标准自然增长机制纳入最低生活保障制度。

7. 低保金补差有了托底

《南京市城乡居民最低生活保障条例实施细则》明确规定，“家庭月人均收入与当地低保标准的差额低于当地低保标准的20%的，按当地低保标准的20%计算”。

8. 明确家庭收入认定

《南京市城乡居民最低生活保障条例实施细则》明确规定了家庭月收入的计算方式，家庭月收入按照提出低保申请之日前不少于6个月收入的平均值计算，实物收入按照当地市场价折算为家庭收入。

在退保机制上，《南京市城乡居民最低生活保障条例实施细则》明确规定了享受低保的期限。规定未就业但是有劳动能力的，连续享受低保不得超过6个月；没有特殊情况的，累计享受低保待遇不能超过36个月。《南京市城乡居民最低生活保障条例实施细则》还提出，对不符合低保条件的家庭要严格依法清退、彻查甚至停发低保金，对于冒领低保金的要根据法律规定追缴所有发放的低保金，并按2倍以上处以罚金，构成犯罪的，要移交司法部门依法追究法律责任。

典型个案及解决方法①

“残养老”困难家庭有保障

【案例一】陈某，女，67岁，丈夫早年过世，年老体弱，无收入。有一子李某，肢残，45岁，未婚，月收入500元。根据《南京市城乡居民最低生活保障条例实施细则》规定：与父母共同生活的，丧失劳动能力、无收入的成年残疾子女，家庭收入在低保标准1.5倍以内可以单独进线。但该家庭成年残疾子女有收入，而老人无收入。

【解决办法】以上家庭为典型的“残养老”类型。可以参照《南京市城乡居民最低生活保障条例实施细则》有关规定，无收入的、被赡养的、70岁以上的老人单独享受全额低保待遇（不增发保障金）。

因病致贫生活困难家庭将获帮助

【案例二】王某，男，43岁，2000年下岗待业，患肝病多年，手术仍需大笔资金，生活和医疗费用靠妻子1000多元工资支撑。根据《南京市城乡居民最低生活保障条例实施细则》规定，该户家庭收入明显超标，不符合低保条件。

【解决办法】对罹患重病的家庭，可根据实际情况，在家庭总收入中抵扣一部分作为患者的医疗费支出。抵扣后，家庭月人均收入低于低保标准的，可以将重病患者单独纳入低保，并享受全额低保待遇。

住房超标困难群众应区别对待

【案例三】朱某，女，未婚，精神残疾二级，与母亲葛某一起生活。葛某与单位解除劳动合同后，在家照顾朱某，两人靠出租房屋生活。朱某家中住房建筑面积有88平方米，楼上用于居住，楼下的房间出租，每月租金850元。因朱某精神残疾需要长期治疗，生活非常困难。朱某的住房面积已超过《南京市城乡居民最低生活保障条例实施细则》规定的住房建筑面积标准，不能享受低保。

---

① 资料来源：南京市民政局．人性化操作示范案例推出［EB/OL］．(2007-11-15)．http：//www.longhoo.net/gb/longhoo/news/nanjing/dushi/userobject1ai736080.html.

【解决办法】困难家庭因历史遗留导致的住房超标，其中，为解决生活困难而出租的部分，只要房屋租金计算在家庭总收入中的，可将出租房屋面积从建筑面积中抵扣，再测算其住房面积是否超标。

生大病确实困难可保留低保

【案例四】江某，女，33 岁，智力二级残疾，离异。离婚前江某单独全额享受保障金 260 元。离婚后因没有住房将户口迁回父母家，暂借住父母处，其父亲每月有退休金 1000 元，其母亲每月有退休金 900 元，全家总收入 1900 元，超过低保标准。

【解决办法】考虑到江某的父母年事已高，收入也不高，且经常生病，每月看病支出较大，从江某的生活实际出发，可保留其最低生活保障待遇。

“空挂户籍”生活困难可享三个月低保

【案例五】薛某，男，35 岁，未婚，户口空挂南京市城区某单位集体户口，精神二级残疾。薛某大学毕业工作一年后，医院诊断其患有精神分裂症，单位与其解除合同。薛某回老家如皋治病，长期住院治疗，生活十分困难。如果严格按照《南京市城乡居民最低生活保障条例实施细则》“无正当理由，在申请前已在本市以外地区居住半年以上的，不予保障”的规定，则薛某不符合享受南京市低保待遇的条件。

【解决办法】对于此类“空挂户籍”的情况，虽符合享受低保条件，但在南京一无住所、二无收入来源的，可批准其享受三个月低保。根据《南京市城乡居民最低生活保障条例实施细则》规定，当事人应该将户籍迁回原籍，再重新申请低保待遇。

2004 年，南京市制定并出台了《南京市城乡居民最低生活保障条例》以及具体的实施细则，全市各级民政部门坚持依法行政、规范运作，开创了城乡统筹发展、应保尽保、动态管理的新局面。但随着全市经济社会的快速发展，城乡间、区域间及社会阶层间的贫富差距有所拉大，加之导致社会成员贫困的原因千差万别，之前出台的低保条例及实施细则已滞后。在具体执行中，出现基层对政策把握不一致、处理方式不相同等问题。

这些问题如得不到及时有效的解决，就会引发新的不公平。为此，南京市民政局本着以人为本的原则，借鉴司法机关的做法，在全市深入开展了城乡低保典型案例的收集和分析工作，并在此基础上建立了全市定期下发城乡低保典型案例制度，据此统一全市城乡低保工作执法尺度和裁定标准，为基层解决城乡低保审核审批中遇到的一些特殊问题提供了参照依据。

从实践来看，此举对促进公正、公平，进一步完善南京市社会救济救助体系，推进南京市和谐社会建设具有重要的意义。下发的典型案例，都是南京市在城乡低保工作实践中遇到的具有典型性和一定指导意义的案例，具体操作中体现了人性化和群众性，赢得了社会的广泛称赞。同时，这些案例为基层及时妥善地解决同类问题提供了有力依据。① 首次列举了5种确实困难但又不符合现行低保政策规定的情形，并提出人性化解决办法，供南京市低保工作者在今后的工作中酌情参照执行。据悉，在低保金发放中借鉴司法实践，用案例的方式进行示范，这在国内还是首次。

（三）低保政策执行分析

自出台低保政策以来，我国一直在努力建立并逐步完善社会保障制度，试图通过制度化的政策构建，履行政府责任，保障贫困人口的基本生活。杨立雄认为："实施最低生活保障制度的意义在于，中国的社会救助制度从人道向人权转向，从慈善性救济向制度性救助转变，对中国社会保障制度产生重大影响。"② 低保政策的价值体现在维护社会公平，推进社会进步；基本功能是调节社会利益，化解社会矛盾；根本目的是保持社会和谐稳定，促进人的全面发展。低保政策的执行如果出现偏离或偏差，就会背离制定社会政策的最初目标，使社会政策部分或完全失败，使政策成本提高，从而导致政策绩效下降。低保政策的执行个案在整个社会保障政策执行中具有重要地位和作用。

第一，关系政策目标的实现。低保政策执行就是要解决关乎社会弱势

---

① 中华人民共和国社会救助司．南京市建立城乡低保典型案例制度［EB/OL］.（2008-01-29）. http：//dbs. mca. gov. cn/article/dfdt/200801/20080100011234. shtml.

② 杨立雄．从人道到人权：穷人权利的演变［J］. 社会保障制度，2005，32（3）：50-54.

群体切身利益的实际问题，在社会保障政策执行过程中，只有把目标群体的利益放在第一位，政策执行的目标才能实现；相反，如果执行过程中官僚作风盛行、形式主义严重，就会损害目标群体的利益，降低政府的公信力。

第二，关系公民权利的构建。当前，在医疗、养老、就业等领域仍存在不少问题，保障失业人员、下岗职工、老年人、“三无”人员的合法权益是社会进步的重要体现。解决城乡居民和弱势群体的实际问题，是全面建设小康社会的重要前提。低保政策的一个重要作用就是通过国民经济收入的再分配，对于市场分配中存在的缺陷进行弥补，解决在市场分配机制中无法得到合理收入者的生活困难问题，从而达到提升社会公平、维护社会安全和稳定的目的。

第三，有利于完善政策执行理论和丰富政策执行经验。政策不可能一经制定就完美无缺，需要在实践中检验，再升华为政策理论。通过政策执行，根据政策的可行性、时效性等具体情况，不断进行修正和完善。当前，低保政策项目逐渐增多、内容日益丰富，在保障对象、保障内容、保障标准等方面存在交叉、衔接不畅等问题，在社会保障救助渠道、社会保障资金来源、社会保障政策裁量等方面尤为突出。因此，只有做好社会保障政策执行工作，理顺各项活动之间的关系，才能减少工作中的混乱情形，发展和完善社会保障理论、丰富实践经验。建立健全社会保障政策不仅是为了解决社会的问题，而且对于化解社会风险、预防社会危机具有不可或缺的积极作用。

低保政策自施行以来取得的成效主要表现在以下几个方面：一是保证了市场经济改革的顺利进行。低保对象当中，很大一部分人是为经济体制改革做出了牺牲的下岗失业人员，成为新的城市贫困层。低保政策的制定和执行，客观上保证了国有企业改革的顺利进行。同时，建立独立于企业之外的国民救助制度，可以让企业摆脱计划经济体制下“单位制”影响，按照市场的逻辑来合理配置劳动力资源。二是促进了社会公平。最大限度地实现社会公平，不仅是人类社会追求的目标，也是中国社会发展进步的重要标志。促进社会公平，就必须重视弱势群体和困难群体的利益，通过健全制度来保障其利益。三是有助于社会和谐。低保政策的执行使多数贫困家庭能够获得相应的物质帮助，每个贫困家庭的成员都能从中获得基本的物质满足，可消除因贫困带来的冲突和矛盾。四是有利于消除社会焦虑。从下岗失业、就业困难的人员处境来看，很多人因贫困产生恐惧和不满情绪，低保政策让贫困者不致感到被社会和时代所抛弃，增强其社会责任感。实践证明，低保政策维护了社会公平和正义，让贫困人口享受到社会发展的成果。

但是，低保政策执行中尚存在一些消极因素，主要表现在以下几个方面。

第一，社会权利的观念未建立。随着低保政策的全覆盖，低保政策已经成为一项惠民工程，解决了贫困群体的生存问题，在一定程度上促进了社会稳定。每一位社会成员，都有权利享受其应有的人格尊严和自由。每一个工作的人，都有权获得合理的薪酬，保证其有尊严地生活。这说明社会权利的构建对于社会发展的积极作用，但是当前多数贫困人口并没有将享受低保政策作为其一项权利。

第二，低保对象的审核机制有待完善。在低保政策执行过程中，随意入保、投机骗保、人情保等现象较普遍。在实际执行中，往往只能对低保家庭的收入进行表面审查，而无法核查其财产，导致很多不该享受低保的人享受了低保，而真正贫困的人却享受不到低保，导致资源并没有分配到真正需要的人手中。“表面上看，似乎实现了政策的可及性，但是贫困群体并不一定是‘可得’的。政府虽然提供了救助，但不是每一个需要救助的家庭都能得到救助，这就是制度的‘可得性’没有实现。”①

第三，低保救助的标准较低。在我国尤其是偏远农村和山区，贫困、疾病、残疾的人口占有相当大比例。在这些地区，仅有少数家庭能够享受低保待遇，一些低保家庭的生活质量低下。为此，一定要保障贫困人口的基本需求，无论在城市还是农村，政府都有义务解决这些人口的生存问题，而这也是为社会公平发展奠定基础。随着社会的进步，生活成本的提

① 祝建华．城市居民最低生活保障制度的评估与重构［M］．北京：中国社会科学出版社，2011：128.

高，提高低保标准是历史必然。

第四，福利“污名感”的存在。低保救助过程中的“污名感”更多来自申请和领取低保的低保户心理反应，这种“受辱”的心态主要源自一种标签效应。当贫困者长期以微薄的低保金维持生计，被贴上“吃低保”的标签时，会导致新的“社会排斥”，将其拒之正常的生活轨道之外，继续边缘化，并可能使被救助者出现社会退却，处于长期失业的状态。另外，“贴标签”会使人产生耻辱感，导致个人人格尊严丧失，易产生社会分割和污名化问题，降低社会的凝聚力。

第五，低保工作队伍的建设问题。在低保资格的审核与低保金发放方面，低保工作人员发挥着重要作用。街道办事处与居民委员会是低保政策执行和管理的服务机构，基层的低保工作人员多数缺少社工经验和技能培训，低保政策传达不准确，队伍素质有待提高。同时，低保工作人员的工资待遇偏低，工作量较大，这对提高其工作积极性具有较大影响。

四、社会政策执行结果对比分析

（一）正效应分析

地方的政策文本基本是根据中央的指导性文件和框架做出的政策拟订，是对中央文件的具体化。地方作为具有独立利益的政策主体，虽然受中央的约束和规制，但仍然会充分利用信息等优势，展开博弈。有些博弈是双方都认可的政策内容，有些是与中央相违背的零和博弈，有些是根据中央意见结合自身实际制定的具体方案。

从行动标准上来看，中央致力于政策的长期目标，并希望调动地方的积极性，分担责任。中央政府的目标是保证方案能够顺利实施。然而，由于执行过程的复杂性，政策执行的成效如何在很大程度上取决于地方政府的政策执行行为。在政策执行过程中，中央政府的主要任务在于如何与地方政府互动。

地方常常“深陷”经济指标和经济发展的“影子”中无法自拔，一些政绩观念导致其执行理念改变，其他的目标都要让位于经济发展，从而使社会政策执行目标不能实现。那些以损害社会弱势群体的安全感和公平性为代价的执行结果，不仅偏离了中央的政策意图，还损害了社会层面的联系，带来严重的隐形矛盾和危机，削弱了政府公信力。

对于地方政府而言，地方行政资源较少，常以地方经济总量和财政收入，甚至是行政业绩来衡量行政管理者，从而使一些政策在执行中发生偏离，地方政府的独立性难以体现且发挥作用。如何激励地方政府在发展经济的同时成为维系社会基层的纽带？中央下放行政权力是必然，并促进地方政府自我约束、自我管理和自我发展。

由于政策执行中面临诸多困难和干扰因素，因此在某种程度上，中央对于地方政府的政策执行转换也可能持“默许”的态度。一些地方政府的政策执行创新措施在推动社会发展的同时促进了经济增长，可能会作为创新典型案例被推广。

我国主要社会政策执行结果对比如表 4-6 所示。

表 4-6　我国主要社会政策执行结果对比

政策	结果		
	执行部分	梗阻部分	创新部分
教育政策	教育政策体系和相关法律法规进一步完善； 提高了教育政策质量	目标群体的择校收费问题； 教育监督的失效； 教育政策资源的损耗	教育机构与教育制度以及教育目标群体之间协调互动
住房政策	继续扩大保障对象； 增加保障方式	住房建设违规（房屋面积超标，房屋质量差、价格高、数量有限）； 住房分配问题（申购者身份不符）； 住房资金管理问题	保障方式多样化（“补人头”+“补砖头”）； 住房准入退出机制
低保政策	保障对象不断增多； 资金投入大幅增加； 低保标准逐年提高	审查过程中的问题（拥有汽车、具有高档手机、饲养宠物、子女择校、自费出国留学、城镇居民住房人均建筑面积超过房产部门规定标准的家庭）	建立低保金标准自然增长机制； 增加低保家庭最低补贴差额； 增加失独父母低保金； 调整低保觅标范围； 增加低保判定典型案例

资料来源：笔者整理。

教育政策方面，我国拥有着世界上最大规模的教育体系，需要解决的问题很多，既有教育资源问题，也有体制结构和制度衔接问题。虽然我国在教育政策体系完善、法律法规建设、教育资助等方面取得了巨大的成就，但随着市场经济体制的发展，为了适应社会利益多元化和行政民主改革的趋势，必须更加注重和审视教育政策执行环节。教育政策的执行在很大程度上是依据法规将社会公共资源进行最大限度的整合及权威性分配，其实质是资源的合理配置和优化组合，这种公共资源的选择、综合、分配和落实过程必然引起社会利益结构的变化。教育政策的执行是教育政策执行系统与社会各利益主体之间就调整利益结构或者是利益格局的互动过程。未来的教育发展路径一定是更加多元的教育模式，更加注重教育目标群体和教育制度以及教育机构的衔接与互动，使教育政策的制定和执行更加科学与民主。

住房政策方面，经过 30 多年的住房制度改革和政策调整，我国的住房制度和政策改革让城镇居民住房状况得到了极大改善，市场成为配置住房资源的主力，进一步理顺了住房消费观念，逐渐由依靠政府、单位解决住房问题，转向依靠市场解决住房问题。同时，城镇住房私有率大幅度提高，住房资源的分配更加透明，房地产市场得到了快速发展，居民住房消费成为城镇居民最重要的消费内容之一。房地产及相关产业的发展，成为推动经济增长的重要力量，促进了国民经济的持续快速发展。到 2005 年底，相关的保障体系框架逐步形成，广泛覆盖低收入群体和弱势群体。

低保政策方面，低保政策的执行取得了全社会的一致认可，为进一步促进社会公平和健全社会救助体系发挥了积极作用。同时，低保政策执行中仍存在不少问题，地方政府仍要加大对低保政策的宣传和推广力度；低保政策的标准也要随经济活动调整，最大限度地明确政策的执行标准，甚至要公布一些实际工作中可以借鉴的案例，从而使政策执行者可以充分行使自由裁量权，同时便于对其执行情况进行监督。

（二）负效应分析

教育政策方面，教育政策与体制的矛盾依然存在，对于教育行政部门规定的办学要求，一些简易学校和农民工子弟学校无法达到，无法登记注册。但是社会有需求，如果将一些公立学校改造成流动儿童学校，虽然满足了社会需求，但是入学费用让很多流动家庭望而却步。同时，部分学校师资力量不足，教学质量较低。从政府与学校的关系来看，既存在干预过多的问题，也存在监督失效的问题。

住房政策方面，总体来说，住房制度和政策改革使城镇居民住房状况得到了极大改善，城镇住房私有率大幅度提高；住房资源的分配更加透明；房地产市场得到了快速发展；相关的保障体系框架逐步形成。但是，住房政策执行中依然存在不少问题，导致政策执行发生偏离甚至梗阻。从审计署对 66 个市县 2011 年城镇保障性安居工程审计结果可见一二。①

第一，筹集资金和管理不规范。在 66 个市县中，有 36 个市县少取、少安排的资金占到应取、应安排总额的 13.5%左右。一是优惠政策没有完全落实。审计发现，有 19 个单位私自向 27 个城镇保障性住房项目收取行政事业性费用以及政府基金 9000 万元左右；同时，有近 7 亿元银行贷款没有按规定享受优惠利率。二是没有按规定拨款和使用专项资金。审计发现，有近 20 家单位将 30 多亿元工程资金用于其他项目建设而不是保障性住房建设项目，有 5 个市县违规向承建单位返还土地出让金 5 亿多元。

第二，项目建设管理不到位。一是工程建设用地使用不规范。在 66 个市县中，有 9 个市县存在建设保障性住房过程中没有经过审批使用土地，有 3 个市县的 100 多个保障性住房项目用地被开发用作酒店、办公楼等项目建设。二是项目建设不符合基本程序。在 66 个市县中，有 46 个市县的 800 多个项目在施工、设计、勘察、招标和监理环节程序违规，有 14 个市县近 50 个项目存在质量问题、设计不规范问题。

第三，分配与后续管理不严格。一是保障性住房分配不严格。在 66 个市县中，有 9 个市县的 5500 多户保障对象没有经过任何资格审查，有 42 个市县的 2 万户保障对象存在重复享受、财产超标等问题。二是保障性住房被挪作他用。在 66 个市县中，有 5 个市县的 2800 多套保障性住房违规对外公开售卖，有 3 个市县的 230 套保障性住房被挪作他用。

---

① 中华人民共和国审计署 .66 个市县 2011 年城镇保障性安居工程审计结果［EB/OL］.（2012-07-18）. http：//www.audit.gov.cn/n1992130/n1992150/n1992500/3061853.html.

通过这些数据可以看出，尽管住房制度和政策改革取得了巨大成绩，但是现有的财政体制决定了地方政府为了在预算外增加收入，会选择基于自身利益的市场化思路，在一定程度上忽略了社会保障和社会公平理念，从而间接影响住房政策的正确执行。

低保政策方面，低保制度是一项适合市场经济发展的救助制度。但是因为一些工作人员不能及时转变观念，依然沿袭原有的、传统的工作思路，以传统的工作方法处理低保工作，导致低保政策执行中出现消极倾向。《城市居民最低生活保障条例》并没有明确规定各级人民政府承担的低保金具体份额或者是支出的比例。因此，在实际工作中，政策执行者对低保金的供给具有一定的自由裁量权，从而导致“应保未保”等问题。在低保对象的动态管理、低保资金的供给等方面需要进一步规范和完善。

第五章

转型期中国社会政策执行转换分析

一、地方政府社会政策执行转换分析

（一）教育政策执行转换分析

当前，农民工子女在城市接受教育的需求基本上得到了满足。绝大部分省份都制定了农民工子女教育规划，落实了城市接收农民工子女入学的政策，逐渐建立了相应的考核机制，各地的村办、民办学校得到发展。由于地方政府在资源、经费、管辖范围等方面的局限，地方财政压力较大。如果地方政府不积极响应，就会导致很多政策无法真正落到实处，农民工子女的教育依然面临严峻的考验。

1. 政策执行转换的原因

“追求利益最大化在任何部门、组织、个人当中都会出现。”[①] 当中央政策指令下达时，流入地政府作为理性的经济人，自然会考虑是否因政策而增加成本，可能会采取相应的规避行为。

因此，要从地方政府保护农民工子女义务教育权利的层面出发，从政策的制定主体以及政策的执行主体入手，剖析政策设计中可能存在的问题，以及地方政府政策执行过程是否具有局限性，验证地方政府进行政策执行转换的重要性。

第一，农民工子女义务教育政策设计考量。一项政策的制定和执行，要以政策本身作为逻辑起点，因此进城务工农民子女教育政策执行的首要问题就是政策设计。有关农民工子女的义务教育政策经过多次修改、变更和延伸，体现了中央对于农民工子女教育的发展认识和态度，经历了“限

① 金太军，张劲松．政府的自利性及其控制［J］．江海学刊，2002（2）：106-114.

制—默认—聚焦”的过程，逐步形成了“流入地政府全面负责进城务工人员子女教育问题，并且以全日制公办中小学为主”的原则。但是，政策法规仍有不协调之处，影响了政策执行目标的实现。同时，相关部门在制定政策时，更多关注政策合法与否，而没有关注在转型期中央政府与地方政府分权模式下如何更好实现政策目标的问题，需要地方政府从目标群体权利角度去考量。

第二，农民工子女义务教育政策执行主体的局限性。地方各级政策执行者依据中央最初的政策设计来执行政策，甚至仅按照政策文本来执行政策，较少考量目标群体的实际，存在政策执行主体是否具有新的执行理念，执行主体是否仅追求政绩或者个人私利的问题。

从政策执行主体的执行理念来看，政策文件已包含构建和谐社会、坚持以人为本、实施全民素质教育、提高教育质量、建设国民教育体系等内容，但是问题在于政策传达到各级地方政府和执行主体手中时，保障公民受教育权利的理念是否常驻在每个政策执行主体心中，这是需要考量的问题。随着社会的不断进步，人口快速增长和流动，原有的治理理念和执行手段等已经不能应对当前所有的社会问题，需要政策执行者有新的理念。政策执行理念可以体现在政策执行者的态度上，工作中态度积极的人员，会更加认真、负责，能充分发挥潜能；而态度消极的人员，就会怠工，遇到困难畏首畏尾，有时候甚至会有不协作行为，不认真执行任务。① 因此，可以说态度体现了政策执行主体的价值观、决心和努力程度。对于农民工子女能否在城市享受和城市儿童平等的教育资源，各地往往以教育成本过高、教师资源不足、影响学校教育、农民工子女挤占考试名额等借口来限制农民工子女的正常入学，使其原路返回流出地。

对此，有学者研究认为，“尽管公立学校经费紧张，但是这不是阻挡进城务工人员子女接受教育的理由”。② 问题的根本还在于地方政府政策执行主体的执行理念，将农民工子女送回流出地不能解决根本问题，只是短

---

① 莫勇波．政策执行中的政府执行力问题研究［M］．北京：中国社会科学出版社，2007：120.

② 项继权．农民工子女教育：政策选择与制度保障——关于农民工子女教育问题的调查分析及政策建议［J］．华中师范大学学报（人文社会科学版），2005（3）：2-10.

暂抑制农民工子女进入流入地。只有从思想上、态度上进行转变，才能从行动上产生质的变化；否则，将严重背离中央政府制定政策的初衷。为此，需要我们从价值观、理念、资源分配等角度进行转变。

从地方政府行政人员的角度来看，农民工子女在流入地政府接受教育时，流入地的政策执行主体往往会以其政绩为主要参照点，并不注重社会公共服务建设。在经济社会快速发展时期，各级地方政府必然以追求经济发展为主要目标，从而在政策执行力度及倾向上，对一些大型工程项目关注度高，而对文化教育事业投资较少，对农民工子女教育上的投资更是少之又少。在政绩观的主导下，往往会忽视社会整体利益，只关注经济效益。针对城市适龄儿童义务教育的投资，很少甚至没有形成对进城务工人员子女的管理机制和服务模式。对此，可借鉴发达地区义务教育的成功经验，形成教育优先的局面，为城乡一体化发展奠定基础。

从执行主体执行工具选择和资源整合能力来看，政策执行转换涉及地方政府对于执行工具的选择问题。"在实现政策目标的过程中，工具的选择和运用意义重大，而这也是政府实现社会管理目标的路径。"① 因此，农民工子女的义务教育问题牵扯到政府、社会、组织等各方面，不仅仅是教育部门的问题，而且关系到城市发展、部门的经济利益，关系到户籍管理以及社会资源分配的问题。因此，在面对这种复杂性问题时，涉及多种政策工具的选择和运用，具有一定的权变性质。综合运用多种政策工具，要以混合型工具为主，以自愿性工具为辅。政策宣传就是其中的一种，通过传播政策信息，可使更多的群体更新理念，了解政策的内容和宗旨。地方政府必须具有统筹兼顾及资源整合的能力，协调各部门、组织、单位之间的利益，实现良好的政策协调与配合。地方政策执行者要提高思想觉悟，端正价值理念，提升理解力、预测力、应变力和创新能力，需要协调整合各级资源，不断创造条件落实农民工子女义务教育政策。

2. 政策执行转换的方式

政策的最终目标是减少矛盾和不协调因素，促进资源和信息的共享，实现信息互通和资源的合理配置，推动社会利益的整体提升。农民工子女

① 陶学荣，崔运武. 公共政策分析［M］. 武汉：华中科技大学出版社，2008：221.

教育相关政策的初衷是为了让进城务工人员的子女享受到和城市儿童一样的教育资源，解决市场发展进程中出现的新问题。如何将有限的资源进行合理、公平分配，防止社会分化，各级地方政府在农民工子女教育政策执行上具有不可推卸的责任和义务。教育政策执行转换的方式可从前提条件和实践基础两个方面进行阐述。

第一，理解政策意图，协调政策执行主体间关系。这是进行教育政策执行转换的前提条件，教育政策制定必须科学合理，既要考虑社会公平，也要考虑地方政府的能力建设。保障农民工子女受教育权益是实现教育公平的关键环节，需要重新审视义务教育的相关政策和法规。要考虑地方政府的自利性和竞争性，对于政策执行中的经费需求进行明确规定，降低政策执行中的损耗。对于农民工流入地政府和流出地政府而言，可以利用数字网络化手段，建立学生教育信息数据库。流出地政府必须及时更新本地的户籍居民信息并建立教育档案；流入地政府作为解决农民工子女教育问题的主要责任方，需要和流出地政府进行广泛沟通，与流入地各级民政、公安等部门协调，实现信息共享，避免农民工因为子女教育问题两地奔波。

第二，调查现实需求，建立合理高效的执行机制。政策执行转换必须具备转换的实践基础，农民工子女享受义务教育受阻反映了政策执行效能较低，激励机制、规制机制、救济机制不健全。需要地方政府深入解决本地区农民工子女的上学问题，避免农民工子女因学费、择校费、借读费等而辍学。改善教育政策执行转换的前提条件和实践基础需从以下几个方面着力。

一是需要中央针对农民工子女义务教育加大资金投入，建立有效的激励机制。从各地方政府执行农民工义务教育政策中存在的偏离问题，反映出地方政府在执行政策时通常重点考虑财力、人力等资源配置情况。当地方政府出于自身利益和成本考虑，可能会采取一些偏离政策目标的措施。对于义务教育而言，我国教育投入和经费十分有限，导致各级地方政府忽视或者排斥农民工子女获取本地区教育资源。从长远发展来看，需要改革教育体制，把农民工子女的义务教育质量作为考核评估地方政府的一个指标，让各级地方政府和部门重视农民工子女教育问题。同时，政府鼓励民营企业和社会组织大兴教育，让农民工子女受教育范围更广、形式更多元、内容更丰富。从法律、政策层面对社会力量办学给予大力支持，改变教育主体单一的现状，改变农民工子女被公办学校排斥在外的局面，加大经费投入以形成吸纳农民工子女入学的良性环境。

二是流入地政府要在教育管理过程中，建立有效的规制机制。在政策具体执行过程中，利益博弈总会出现，环境、执行者等因素会影响政策执行以致出现政策外部性。因此，必须对执行主体进行相应规制，有效提高政策执行者的规范意识，重视农民工子女义务教育问题，使政策执行主体保持思想的一致性。对政策执行不力的主体进行惩罚，并跟踪评估。落实公办学校教育经费，对农民工子女入学等情况进行重点监督。

三是在农民工子女义务教育阶段，要建立司法救济机制。由于法律制度的不完善，教育领域中出现的新问题仍没有合适的规范办法，因此救济机制是保障农民工子女义务教育权益的最后一道“屏障”。农民工子女在流入地受到歧视、不公平待遇等，可通过司法救济渠道获得保护。同时，必须明确界定特殊事业单位的主体资格，“扩大有关行政诉讼的范围，将侵犯农民工子女受教育权的抽象行政行为清晰明确地列入其中”①，通过公益组织进一步扩大针对农民工的法律知识宣传和法律援助等。

（二）住房政策执行转换分析

我国的住房政策体系改革与重构虽取得了一定成效，但是以市场“这只手”为主导的住房政策制度等还存在局限，要把解决弱势群体和低收入群体的住房困难作为我国住房社会政策调整的重点，主要以保障性住房满足低收入群体“居者有其屋”的需求。要以多种方式满足居民基本居住需求，逐渐缓解因历史等造成的城乡矛盾等，给低收入群体更多的权利和机会，提高住房市场效率。政府作为政策干预者，要更好地服务于人民，通过干预和介入，加快住房建设，促进经济社会发展。住房政策不仅与政府管理、部门关系及利益有关，还与执行措施、监督控制、制度设计等有关。因此，需要不断调整、改善以往政策落实中的惯性，不断摸索、实践

① 彭小霞．公平视角下农民受教育权缺损及对策研究［J］．内蒙古农业大学学报（社会科学版），2010（3）：106-108.

和重构我国的住房政策体系。只有这样，才能实现政策间的有效衔接和对接，保障有住房需求的居民都能享受政府和社会提供的福利，实现“住有所居”。

1. 政策执行转换的原因

第一，政策本身的因素。住房的最突出特点是既具有一般消费品乃至投资品特性，也具有必需品特性。因此，在制定住房政策时，必须综合考虑社会环境、目标群体、住房供给等因素。在现实的政策活动中，住房政策目标群体的范围较大，受不同地区的贫富差距和住房市场等因素的影响，当符合经济适用房、廉租房等保障性住房的政策要求的家庭过多时，对中低收入家庭的收入审核就存在一定的困难。由于收入来源的多样性，年收入难以核算，因此有很多投机者参加经济适用房、廉租房的申请和购买。面对隐性收入和职业的多样化，资格审查当中就会存在漏洞，需要调动大量的人力、物力、财力等。从政策方面来讲，政府部门需要利用规划、土地供应、金融、税收等手段对市场供应和需求进行调控，实施住房建设规划，对布局、结构等提出明确要求，确保居民可以购买或者租赁其可以负担的住房。中低收入家庭作为一个庞大的社会群体，需要给予一定的政策倾斜。政府要发挥主导作用，但是并不意味着政策的运行要由政府来承担，而应在政府主导的基础上，充分利用市场机制高效率供给和配置。同时，城市化进程的加快使得大量人口从农村涌入城市，客观上造成住房资源的缺乏。因此，要制定住房保障规划，建设分层次的住房供应体系，通过市场和政府双重渠道不断完善政策体系。

第二，政策执行环境因素。改革开放40多年，我国经济飞速发展，人们的物质生活条件获得了极大提高。随着改革进入深水区，社会矛盾凸显、社会风险加大，公民权利、社会公平的呼声提高，社会的构建成为必然。在中央的统一部署下，国家加快推进住房保障建设。《国务院关于解决城市低收入家庭住房困难的若干意见》（国发〔2007〕24号）的正式出台，标志着我国步入住房保障的时代。

第三，政策执行主体因素。在政策执行转换中，中央要求各地加大投资力度建设廉租房或者经济适用房，这是一项利国利民的政策，对缓解中低收入家庭的住房需求具有重大意义。但是，地方政府出于自身利益不一定会大量建设保障性住房，而是投资利益更大的商品房。这说明仍存在政策执行者政策认知低，官僚作风较严重、功利主义和拜金主义思想难根除的问题。只有建立正确的政策认知，政策执行主体才会对政策有认同感，转变价值观和态度，在政策执行转换中发挥积极作用。

第四，政策运行机制因素。从含义界定来看，政策运行机制是指在住房政策执行过程中，中央政府和地方政府各部门间的相互关系及其运行过程与方式。从廉租房和经济适用房的运营监督机制来看，无论是管理还是分配，都存在不少问题。目前，我国的保障性住房体系存在监督责任不清、监督范围不明的问题；同时，公众的监督作用无法发挥。从中央与地方的信息沟通机制来看，即使地方政府在保障性住房政策执行过程中，采取措施少建设廉租房或者经济适用房，或者建设的廉租房和经济适用房存在质量等问题，中央也较难掌握各方的具体情况。由于监督机制等的不完善，保障性住房的评估工作存有缺陷，评估结果并不能作为依据。因此，要通过法律追究政策执行主体的责任，把保障性住房的建设纳入地方政府的考核体系。

2. 政策执行转换的方式

第一，从政策设计入手，提高政策的合理性和合法性。保障性住房政策要更多地考虑中低收入阶层的利益，从政策制定到政策执行，需要各级地方政府积极核实本地区的低收入家庭收入、住房需求量，关注流动人口的生存环境。保障性住房政策的合理性体现在目标群体的定位是否明确，方案是否科学以及保障性住房政策规划、用地、城市发展等是否合理，以防止政策设计标准过高或者出现设计标准的断裂。我国发达地区保障性住房设计标准普遍偏高。合法性是政策实施的前提，也是政策产生约束力的保证。住房政策的合法性要求政策符合中低收入群体普遍可接受的范围，不至于产生“夹心阶层”等，通过法律监督与社会公众的监督等措施来落实保障性住房的资金、建设、运行和发展。现阶段需要对保障性住房进行整合。同时政府要进行严格调控，对公租房、经济适用房等申购者的资格做出严格规定，防止暗箱操作，确保政策执行过程中的公平性。另外，要认真做好保障性住房政策的宣传，使符合条件的中低收入群体能够及时准确地了解相关信息。

第二，健全保障性住房的法律法规。从国外情况来看，各大经济体都颁布了住宅法，各国基本上都形成了完善的、有层次的住房福利体系和法律法规体系，只有完备的法律体系才能确保政府住房政策的执行。我国至今还没有一部关于居民住宅的相关法律、法规，这严重制约了住房政策的改革与创新。为此，要进一步完善廉租房、公租房和经济适用房等住房政策，同时要完善相关经济配套政策。中央在下放事权的同时要向各级地方政府下放财权，通过完善财政制度为地方政府提供财力支撑。

第三，中央、地方与目标群体的利益整合。首先，要立足国家利益和权威，兼顾中央和地方的利益。由于东部、中部和西部地区的经济发展水平与社会发展状况不同，中央在制定保障性住房政策时，需要赋予地方更大的自由裁量权，这样才能调动地方的执行积极性。在坚持保障性住房政策的原则、方式和目标的同时，各级地方政府根据本地区实际情况制定执行细则和具体措施，以满足中低收入群体的居住需求为主要目标，严格约束保障性住房的建设、申请、审核、租赁过程中的违法行为。其次，要协调政策目标与保障性住房政策之间的关系。政府要加大保障性住房政策的宣传力度，使中低收入群体能够通过各种渠道了解和掌握政策内容，理解和配合政策执行，通过协调与沟通抑制不良行为的出现，保证“居者有其屋”。

第四，构建监督体系与责任追究制度。美国行政学家埃莉诺·奥斯特罗姆在《公共事务的治理之道》中提到：“在每一个群体中，都有不顾道德规范、一有可能便采取机会主义行为的人，也都存在这样的情况，其潜在收益是如此之高，以至于格守信用的人也会违反规范。因此，有了行为规范也不可能完全消除机会主义行为。”[①] 这就需要我们建立一套完善的、全面的监督机制，以此来维护国家和人民的利益，避免政策执行主体与开发商之间的寻租行为。针对保障性住房政策执行过程中低收入者买不起

① 埃莉诺·奥斯特罗姆．公共事务的治理之道［M］．陈旭东，等译．上海：上海三联书店，2000：61.

房，高收入者可以购买的情况，必须加强监督。对政策执行转换各环节加以监督，严格审核廉租房、经济适用房申请者的收入状况，通过社区等渠道了解申请者的家庭状况，同时及时向新闻媒体和社会公布相关信息。对符合申请保障性住房的中低收入群体进行登记，畅通民政、工商、财务、金融、房产等部门的信息共享渠道，快速建立申请者个人档案，同时将申请者纳入信用监管体系，确保中低收入群体享受保障性住房。另外，相关部门和政策执行主体要做到责任、权利、义务的统一，建立完善的责任追究制度。明确政策执行主体的责任，将政策执行者所拥有的权利与其要承担的义务公开明示，向社会公开政策执行者的职责、工作范围以及违规惩处方式。针对目前我国保障性住房政策执行中存在的各种违规、违纪问题，要进一步扩大行政问责制度适用范围，将首长问责与监督机构问责相结合，对于在政策执行过程中违规、违纪的行政人员，要追究其相应的行政法律责任。同时，将问责制度与公务员绩效评估相结合，增强行政人员的政策意识和觉悟，加强政策认同、强化政策落实。

（三）低保政策执行转换分析

我国城市居民最低生活保障政策从试点到推广，已经走过了 20 年时间，对保障城市居民最低生活起到了最后一道“安全网”作用，是对传统救济制度的创新与变革。城市居民最低生活保障制度已经成为彰显社会正义、社会公平，体现人文关怀、表达居民话语权利的社会政策。社会福利的增长、经济的进一步发展、公民社会的构建等，进一步促进这项制度的完善。但是我们也发现，城市居民最低生活保障制度在执行过程中存在与制度设计的预期目标不一致的情形，主要表现为保障对象的范围、保障标准缺乏统一性，制度在理论与实践层面均需完善。在政策执行过程中，这些不利因素有可能损害政府的权威，浪费社会公共资源。因此，我们要把城市居民最低生活保障制度与我国的具体国情相结合，立足我国经济、社会、文化的发展背景，以社会公平理念为指导，协调政府、市场、社会以及组织和个人的关系，弥补政策不足，达到政策目标。

1. 政策执行转换的原因

第一，保障范围的狭窄。从政策实践来看，除了传统的城市救济对象

“三无”人员之外，低保政策主要针对社会转型导致的城市生活困难居民。在总结城市最低生活保障制度执行经验的基础上，国务院于 1999 年发布了《城市居民最低生活保障条例》，该条例第二条规定，“三无”老人可以全额享受当地政府的救助；一些收入来源、家庭人均收入低于当地低保标准的居民可以申请差额救助。从保障标准来看，享受低保的途径是通过相关行政执行人员的经济审查核实，也就是说，只要是人均收入没有达到地方政府规定的收入标准的，都可以申请享受低保，但是申请者的其他社会关系和特征并不作为衡量的标准。经济收入这一标准无法很好地落实，收入的核查存在很多问题。城市居民最低生活保障制度对贫困人群进行了人为划分，造成“应保未保”。有两类特殊人群值得关注。为了促进经济建设，大量耕地被征用，很多农民成为城市居民，“从 1987 年到 2001 年，因为建设至少有 3000 万农民失去了土地，不完全统计全国城乡失地或部分失地农民数量已经高达 4000 万~5000 万人”。[①] 失地农民进入城市后并没有享受到城市居民的待遇，逐渐被边缘化。另一类就是农民工群体，他们工作时间长、工资低、劳动强度大，是城市中的边缘群体，无法享受城市低保。可见，仍有城镇贫困人口的权益无法得到保障，无法享受国家提供的福利待遇。因此，政策执行需要调整方式以达到“应保尽保”。

第二，家计调查的问题。核查收入是我国城市低保制度进行目标定位的关键环节，目标定位是要把社会保障资源分配给那些的确贫困、困难的群体的过程。[②] 通常的做法是通过家计调查来实现，但是在家计调查过程中存在很多不规范、不合理的地方。尽管各地方政府根据《城市居民最低生活保障条例》制定了适合本地区的具体核查办法，但是这些标准没有统一的执行方式，也没有具体的核查手段。调研发现，很多文件都提到一条“家庭实际生活水平高于普通家庭的，不予批准低保申请”。[③] 这里“实际生活水平”的内涵与外延十分丰富，根本无法进行准确衡量和测评，很难

---

① 陶然，徐志刚．城市化、农地制度与迁移人口社会保障：一个转轨中发展的大国视角与政策选择［J］．经济研究，2005（12）：45-49.

② 吉尔伯特．社会福利的目标定位［M］．郑秉文，译．北京：中国劳动社会保障出版社，2004：8.

③ 祝建华．城市居民最低生活保障制度的评估与重构［M］．北京：中国社会科学出版社，2011：146.

操作。

第三，制度主体的单一问题。《城市居民最低生活保障条例》规定，民政部负责全国低保政策的统筹管理工作，地方负责具体的执行工作。城市低保所需的补贴资金由地方政府列入财政预算，同时国家还会组织民间团体为城市低保提供慈善捐赠和进行资金募集活动，并在政策法律和法规层面对各地政府执行城市低保政策所具有的职权进行了明确划分，将社会和公民的捐赠视为城市低保资金的补充。但是，在实际政策执行转换过程中，低保政策执行主要由政府来完成，社会组织和民间团体的力量十分薄弱，需要政府、企业、人员加强资源共享。

2. 政策执行转换的方式

第一，转变理念与态度。一要准确认知贫困以及城市贫困者。从贫困产生的原因来看，贫困既可能是个人原因导致，也可能是社会原因导致。准确分析贫困产生的原因，同时积极救助贫困弱势群体，这是保障公民生存权的基础。二是转变行政人员的价值观念。个别地区工作人员没有充分理解和掌握低保政策的设计理念，“低保”政策就是要帮助那些符合标准的弱势群体，政府有责任、有义务为其提供一定的生活保障。因此，低保工作人员要提高认识，不能忽略城市低保群体应享有的权利，要充分尊重低保人员。同时，不可拖延或者延迟低保金的发放。“根据国际经验，自愿放弃社会救助的现象全世界普遍存在，研究显示，自愿放弃救助的人可能占到低保人群的10%~20%。”① 我国低保人群并没有形成福利依赖，大多数目标群体希望通过再就业解决自己的生活问题。因此，要积极为每位低保人员做好服务，使救助模式由“输血”向“造血”转变。激发贫困者的个体潜能，引导其积极参与社会活动，鼓励其走向社会寻找适合自己的工作。同时，在保障贫困者应有的利益和需求时，要维护低保对象的尊严，使其更有尊严地生活，低保工作人员要用心温暖低保人员，满足其人格需求。

第二，构建以社会服务为主的家计调查网络。在我国，家计调查一般

---

① 张时飞，唐钧. 城乡最低生活保障制度建设的最新进展［J］. 红旗文稿，2008（3）：19-21.

由低保审批机关负责。因此，为了调查的合理性、权威性，相关部门统一制定了能够计算家庭收入的核查表格。这张表格列举了申请城市低保所有可涉及项目，申请者要认真翔实地填写。但是，由于申请低保者人数众多，而低保管理审批机关无法抽调更多的人员负责实际调查工作。同时，很多审批机关工作人员并无社会工作经验。因此，要重新建构低保工作体系和结构，以最小的单位社区为核心，建立一个社区低保工作服务站，配备相关工作人员，专门从事低保申请审查，对申请家庭进行入户调查。同时，为低保户提供各种就业信息、开展就业服务等，充分发挥社区的优势。社区的低保服务站工作人员通过专业培训，以及相关知识和技能培训即可胜任。家计调查工作要细致、认真，要明确调查程序、具体操作办法，规范低保服务站人员的责任和义务。对于调查工作中失职的工作人员要进行相应处罚，工作人员要对不合理行为承担一定的法律责任，以充分保证申请低保者的利益。

第三，政府的主导及与非营利组织的合作。城市低保制度赋予各级政府主要责任的同时，也鼓励其从社会领域吸取资金，亦即动员社会力量来关注贫困人口和弱势群体。特别是，我国人口基数大，要从国家、社会、市场各方面来协调配合，共同面对贫困人口的多样化需求。非营利组织凭借其有利的组织方式和庞大的志愿者队伍，在帮助贫困人口和弱势群体方面可发挥自由、灵活、快速的优势。除了提供实物和现金支持以外，非营利组织仍在不断扩展救助渠道，以往只注重“输血”而忽视“造血”的局面得到很大改观。非营利组织通过这种模式可以减少被帮扶人员的排斥，使贫困群体融入社会，重新走上工作岗位。当前，非营利组织通过借鉴先进经验，在具体实践中不断创新，携手政府和市场共同开发与运作相关项目，不仅提高了社会保障效率，还可为低保户提供更优质的服务。

二、地方政府社会政策执行中的转换模式

本节从中央政府向地方政府分权、自由裁量权和央地互动角度分析了社会政策在执行转换过程中涉及的主体、客体、环境、利益以及其他相关

因素，并进一步剖析了执行结果和原因，进而构造了基于地方政府的政策执行转换模式（见图 5-1）。

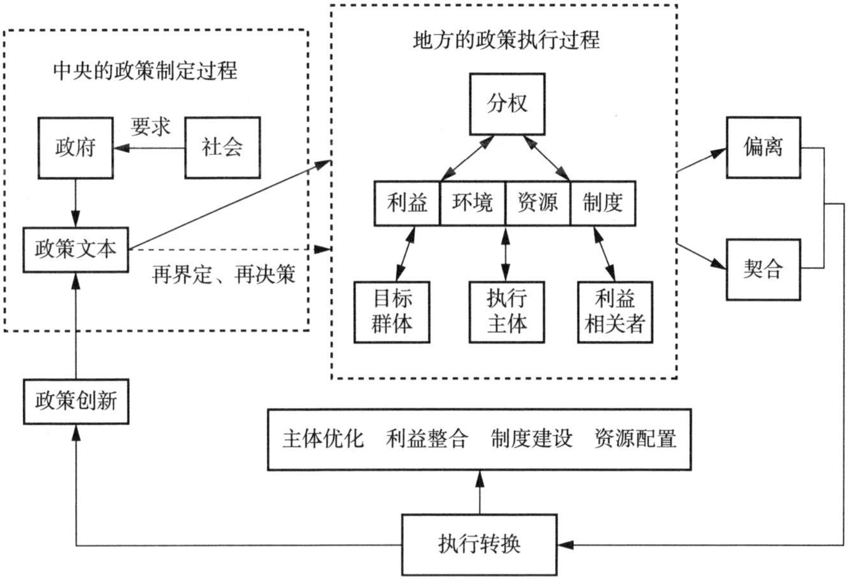

资料来源：笔者自制。

图 5-1　中央与地方的政策执行转换模式

（一）结构转换模式

从中央政府的角度来看，要确保政策方案能够按计划顺利执行，然而，现实中影响政策执行的因素是复杂的。因此，在政策执行转换过程中，中央在信息源的把握上相对较弱，政策执行的最终结果在很大程度上取决于地方政府的行为，监督只是一种外生变量，对政策执行转换的影响有限。中央需要考虑在政策执行转换过程中如何协调与地方政府的关系。

从利益结构而言，中央和地方的差别主要在于政策内部的权责分配与政策外部的社会经济环境。地方政府作为独立的利益主体，更加注重权责分配；而中央更加注重政策的整体运行。一方面，中央希望地方不偏不倚地按照政策文本的要求执行，从而实现政策的预期结果和政策目标；另一方面，政策需要依靠地方政府及其相关部门和机构来执行。中央与地方相互配合，地方在中央的引导鼓励下，有时需要对政策文本进行一定程度的转换，政策执行的过程是中央与地方配合协调的过程。在政策执行阶段，政策文本已经制定完成，可能会打破地方的利益格局。但是，地方政府可以通过积极转变理念和发展方式，将损失降低到最小。在具体政策执行中，地方政府除了考虑自身利益外，还会考虑两个因素：一是信息传播因素。地方政府作为政策执行的主力，在政策执行转换过程中可以随时接收到反馈信息。因此，当某些问题中央没有界定时，地方可以界定；当地方在政策执行过程中遇到了政策文本中没有提及的情况时，可以根据中央的政策文本精神，对本地区存在的问题进行再决策。这种信息传播上的优势在某种程度上促进了地方政府政策执行转换的发生。二是组织结构因素。尽管地方政府有信息优势，但是地方政府在整个体制中处于科层组织的下端，地方官员的升迁等由中央决定。因此，从长期来看，即便某一政策损害了当地的经济结构和利益，地方政府也会执行，这种被动因素有可能为一些政策目标偏离提供了空间，成为政策未达到预期效果的原因。对于组织结构因素，需要中央进行制度建设，规避不利因素，减少目标偏离等的空间，实现政策预期目标。

（二）过程转换模式

在政策执行转换中，当地方遇到政策文本解释不清的问题时，或者是政策文本没有界定的问题时，则需要向中央反映相关情况，根据中央的反馈执行。在现行的属地管理制度下，地方政府是执行主体。由于各地的差异，地方政府在拥有大量信息和组织便利的情况下，根据地区特色灵活操作，确保减少目标偏离的空间，最大化地实现政策的预期目标。在最优化和最大化实现政策目标的过程中，地方政府可基于自身的利益结构、组织架构以及中央的监督，对政策进行再界定与再决策，从而使政策目标实现由“未实现”到“实现”的转换。

政策执行转换路径有以下四条。

第一，文本转换。地方政府作为执行主体，首先将政策文本转换成具体化的政策目标，形成可具体操作执行的方案。这个方案必须得到中央的认可，目标明确。在政策执行过程中，如果没有遇到任何问题，那么在政策目标达成后，向中央反馈结果即可。

第二，理念转换。地方政府在政策执行过程中，从自身利益出发向中央反映相关问题，得到中央的反馈之后，规避不利于自身发展和政策目标的部分，继续执行。

第三，决策转换。地方政府形成操作化方案后，执行中遇到问题时，根据中央的信息反馈和自身的利益考量，进行“再决策”，继续执行。

第四，角色转换。在政策执行过程中，资源的有限性决定了地方政府要基于目标群体的权益，以政策目标最大化作为政策评估依据，继续执行。以上路径综合概括了地方政府在政策执行转换过程中与中央的互动、协调模式，构成了地方政府社会政策执行转换的总框架。

第六章

中国社会政策的创新

一、政策执行转换：中国社会政策创新的基础

自改革开放以来，我国沿着“渐进、稳定”的改革路径，“摸着石头过河”，取得了举世瞩目的成绩。这与一系列政策的实施有着紧密的联系，渐进改革就是通过地方性、局部性的改革与试点来探索发展方向，把成功的政策创新上升为国家政策，推广到全国。社会政策的创新已然成为观察和解释中国改革与转型的独特“钥匙”。20 世纪 90 年代以来，“创新”成为社会政策发展的主要特征。要在政策执行中积极改进政策，使政策更加合理以实现政策目标。在这个过程中，既需要层级组织的转变和政策执行主体的能力提升，也需要政策执行理念的发展，是增强国家竞争力和实现政策可持续发展的重要一步。

（一）政策执行转换是社会政策创新的调适

政策执行转换是社会政策不断发展、不断创新的调适过程，尤其是处于社会转型期。在城乡一体化发展进程中，国家要确保和实现政治的有效性、经济的平稳发展、社会的统筹功能，就必须不断强化政策创新的政治意义和社会意义，不断推进社会整合，促进政策执行转换、实现社会政策创新。

1. 建构政策执行激励机制

“激励”是激发一个人内心某种动机的过程。激励是不可或缺的环节与活动，有效的激励是组织蓬勃发展的动力保证，助推组织实现各项目标。同时，激励有其独特性，以需要为基点，以需求理论为指导，可以将激励分为不同类型。建构政策执行激励机制，是通过一套完整的、系统的制度来反映政策执行主体、政策执行客体之间的相互作用方式。

第一，建立有效的激励结构，促进政策执行主体转换思维，培育政策创新模式。任何政策创新都存在外部性特征，甚至存在一定的政治风险和不确定性。同时，政策创新可能会付出巨大的经济成本，阻碍政策执行者转变思维，使其对于政策的认知仅仅停留在完成任务层面。因为即便创新成功，创新收益也难以体现。这在一定程度上扼杀了地方政策执行者的“敢作敢为”。因此，需要对政策执行者进行激励，建构政策执行激励机制，让政策执行者有能力、有意愿去更好地执行，而不是坐享其成或者不劳而获。只有健全体制机制，进一步向地方分权，才会产生更大的动力。社会政策创新与其他政策创新一样，需要对政策主体、政策客体、政策目标等因素进行整合，不断提高创新意识，才能降低政策执行中的不确定性和风险。

第二，培育敢于创新的内部组织。行政组织具有对人力、物力、财力、信息传播等各要素的集合、分散与整合功能，且行政组织在一定框架内起着承上启下的作用。经济学认为，有效的组织培育是健全制度的关键，只有健全制度，才能培育和开发更多易于转变观念、利于创新的组织机制与组织环境。在这样的机制设计和制度环境中，要鼓励内部组织在政策执行过程中勇于进行政策执行创新，探索政策执行创新的途径、方法；要从政策上、物质上、精神上给予支持，进行创新试验，不断总结政策执行创新的经验与教训。

第三，解决政策执行中的路径依赖问题。“自上而下”“自下而上”的政策执行路径已不能适应新时期发展的需要，务必突破原有的政策执行路径，若政策初始的执行路径正确，则要沿着正确路径不断优化，使政策执行进一步深化；若初始政策执行路径错误，则务必及时改正。从事物发展规律来看，政策执行过程不仅会消耗大量人力、物力和财力等，还会面临各种压力。要勇于面对，科学、严谨、认真地应对。刚开始可能会碰到一些困难，但随着执行的深入，一定会有新的路径。因此，政策执行创新能力就体现在能否改变，能否化解外在的影响，灵活运用公共权力资源、政府公信力资源和信息资源等，提高政策执行效率，实现政策创新目标。

2. 完善沟通协调机制

政策执行转换的成效在很大程度上取决于政策执行沟通与协调。良好的政策执行沟通与协调是政策执行转换的动力，沟通协调需要借助一系列工具、手段和方法。沟通协调既有组织内部与外部的沟通协调，也有正式与非正式的沟通协调。组织层级之间的、政府部门之间的沟通协调是信息交流、传递的主要方式。组织内部及部门内部的信息交流与传递可以使上级更易于掌握基层情况，了解政策执行的具体进度，以便于评估完善。同时，有助于相关部门及时解决信息不畅、工作障碍、政治参与等问题。不论何种方式，最终目的都是使沟通协调在政策执行转换中发挥应有的作用，使部门之间、层级之间相互支持与合作、相互配合与分享，从而不断提高政策执行的效率。通常情况下，一项政策的执行会经历行政指令、层级指派、层级传达、宣传讨论、具体实践等环节，避免不了与各部门和组织的沟通协调，政策执行的成功与否在某种程度上反映了政策是否体现社会各阶层的利益诉求，通过沟通协调可使各方的诉求在政策执行过程中得以充分地表达。政策代表大部分群体的利益，但不可能代表所有群体的利益。因此，在政策执行中难免发生冲突，出现各种社会反应，涉猎的社会关系复杂。因此，在政策执行转换中必须坚定沟通理念、协调好各方关系，采取各种形式，如政策听证会、新闻发布会、市长热线、群众接待日等，有计划、有步骤、有目标地加以运用。只有如此，才能及时发现问题并疏通。作为实现政策创新的重要手段，及时、准确的沟通协调决定着政策执行转换的成效。因此，我们应建立一套相关机制来促进政策目标的有效达成与政策创新。首先，建立专门的沟通协调部门，在政策执行部门和成员中达成广泛共识；要提高认识，倡导沟通协调的专业化发展，注重基层与上级之间的信息畅通，基于专业化的对话制度缓解不必要的矛盾，使上情下达、下情上传更便利、更专业、更快速。其次，为上下级组织以及平行组织之间建立一个沟通更便利、协调更有效的“缓冲带”，让各方的利益在此得到明确表达，通过沟通协调统一思想、统一认识，从而在行动上达成一致。最后，无论采用何种方式沟通与协调，是否消除了矛盾、是否化解了危机、是否达成了一致才是重点。无论是对上的“听话”，还是对下的“传达”，抑或平行组织间的“学习”，都应该以目标结果为导向，以寻求最大力量去实现政策目标。

3. 优化政策执行环境

在现实生活中，人们关心的是政策如何才能被顺利执行，取得预想的效果，或不致与预期目标相差太远。[①] 因此，需要考虑外部环境的作用。任何一项政策的执行都基于一个特定的环境，受环境因素影响，每项政策必须扎根本土环境，在特定的社会状态下制定并执行，离开社会背景就如“缘木求鱼”般无法实施。环境总是变化的，存在很多未知因素，因此需要进一步优化政策执行的环境，加速政治化、社会化建设进程。

在政策执行中，政府的权威性以及执行队伍的专业化程度是遏制风险的关键，减少政策之间以及政策目标群体之间的抗争，在一定范围内通过沟通协调取得目标一致性。可见，外部环境对于政策执行的影响较大。面对各种挑战与风险，中国的现代化及社会化发展必须不断提高政策执行效率与能力，具体可从以下几点着手。

第一，提高中央财政收入。只有处理好国家、市场、企业和个人的关系，增加中央财政收入，才能增加财政投入以实现政策执行目标，一些政策因为缺失财政支持而失败或者无法执行。

第二，建立专业化的政策执行组织队伍。无论是在接收还是传递信息能力上专业化的队伍均具有优势，政策能否具体落实取决于基层组织，其专业化水平关系政策能够执行到何种程度。

（二）政策执行转换是社会政策创新的有效路径

第一，政策执行转换有利于政策执行者调整利益倾向。政策执行者在政策执行中总会加入自己的某种倾向，既有可能利于政策执行，也有可能不利于政策执行。政策制定者在制定政策时必须考虑这种倾向对政策执行产生的影响。为了政策的有效执行，要充分激发政策执行者的积极性，探索和采取有利的方式执行。在现实社会中，政策执行者“千姿百态”，具有不确定性，迫切需要运用创新理念去引导和约束其不利于政策执行的倾向。一方面，地方政府要带头转变职能，从利益博弈关系中抽离，扮演社

① 李成贵．政策执行：一个需要纳入学术视野的问题［J］．国家行政学院学报，2000（3）：31-33.

会服务者角色；另一方面，地方行政管理人员要不断学习，不断创新和发展政策执行路径，避免受各方利益因素的影响和干扰。

第二，政策执行转换有利于提高政策执行的灵活性。政策执行是一项工作量大且复杂的任务，涉及组织、人员的广泛沟通协调等，目标是达到政策制定者的预期。在某种程度上，政策执行的效率可以反映政策执行者的水平，从而可对其进行有效评估。政策执行的灵活性要求政策执行者必须以较高的政治素养、心理素质和知识为支撑，面对问题时能够发挥主动性。同时，需要政策执行者规范行为，抵制私欲，准确把握政策目标，在实践中不断积累经验以提升政策执行成效。

第三，政策执行转换有利于目标群体的社会化发展。政策执行要准确定位目标群体，为了更好地实现政策目标和解决目标群体面临的问题，需要通过政策执行转换使目标群体接受新的政策，使其认可和支持新政策。除了做好宣传以外，还需要做好其他相关工作。为此，提升目标群体的社会化程度十分必要。一项政策从制定到执行需要经过家庭、学校、社会、传媒等媒介完成对社会群体的社会化过程，只有不断提高目标群体的社会化程度，其参与感和认同感才会加深，才会减少政策执行的阻碍，使目标群体接受政策，更加积极地配合政策的执行。

二、社会政策执行转换创新因素

政策执行转换中的创新是创新思维在实践中的具体应用，从政策过程来看，对于解决社会问题、促成公共目标达成、实现公共利益有着积极作用。我们可以将这种创新归结为一种适应环境的需要，对传统理念、方法、制度和规则的改变、突破、完善，从而有利于问题的解决。

（一）理念创新

所谓“理念”，是指通过对问题的观察与分析建立起来的解决问题的前提条件、思路、方法、观念和法则等。理念创新可促进决策更好地反映社会现实问题，对于决策科学化有重要推动作用，遵循实践规律以实现政策活动的目标。在经济社会发展中，理念创新使人对政策执行的认识达到新的高度，是改善整个政策系统过程的一部分。只有解放思想、更新理念，才能促进机制的转换。理念创新是政治、经济、社会变革的前提，要按照政策创新内在规律进行，要在符合社会共同利益前提下进行；通过理念创新，改变陈腐观念，确立合理完善的制度规范和工作运行机制，从而使政策运行更顺畅。理念创新的重点在于对政策执行的指导，在实践中实现政策创新。

（二）条件创新

经过改革开放40多年的发展，我国社会政策的执行对于政策制定产生了重要影响，推动政策创新和提升创新能力是当前的紧要任务。当前，我国正处于社会发展转型期，政府采取了很多措施进行政策创新，以使政策因地制宜、因时制宜、因人制宜地贯彻落实。然而，由于历史原因，我国各地域发展差距大。从总体上讲，那些经济落后、资源有限的地方政策创新能力以及推动社会整体向前发展的动力较弱，政策创新的机能没有充分发挥。社会政策创新需要从资源的供给、适度的激励、地方决策者的创新能力等方面加以强化，从而更好地实现政策预期目标。

1. 资源的供给

资源的缺乏对于地方发展具有很大的限制作用，地方政府并不缺乏变革的意愿，只是在资源供给不足的情况下，地方的政策创新难免受到抑制。我国地方政府政策创新中的资源供给不足主要表现为以下几方面。

第一，权威资源不足。受计划经济管理体制的影响，地方政府多处于从属地位。改革开放以后，虽然经过分权改革，地方政府的自主性得到了一定的强化和重塑，但是，个别地方政策执行中的不规范行为使政府的权威和公信力受到损害。因此，政府权威资源对于社会政策创新和政策的顺利执行具有重大意义。

第二，财力资源不足。尽管1994年实行的分税制，增加了地方财政收入，但是在面对日益复杂的社会问题时，地方的财政仍难以应对。

第三，信息资源不足。信息化、网络化时代，信息影响着决策者对政策资源的分配。地方政府作为行政系统的终端，其掌握的信息资源十分零散和有限。我们认为，在资源供给过程中，为促进地方政府的政策创新，在财力分配、信息共享、权力分配方面应向地方政府倾斜，推动地方政府提升政策创新能力。政策的本质就是对于资源以及相关利益的重新分配过程，只有充分保证资源的供给，才能在政策执行过程中形成稳定的执行机制和规范，降低不必要的风险和社会成本，推动社会发展。

2. 适度的激励

政策创新除了需要供给资源之外，适度的激励也很重要，只有通过激励，才能培育和提高地方政府的政策创新能力。创新在某种程度上意味着风险和成本，因此，各级地方政府和行政人员都会考虑是否“经济”，在政策执行中比较成本收益与预期。政策是一项公共产品，具有鲜明的公共性，地方政府政策创新最终的服务对象是社会成员。但是创新的风险和成本会影响地方行政人员的政绩升迁，影响相关部门利益，使得地方政府不会自觉推动政策创新，失去政策创新的动力。从目标群体的角度来看，政策创新需要通过不同渠道广泛倾听不同群体的政策诉求，获取创新源泉。因此，需要建立健全政府公开制度、政策诉求表达机制。但是，行政体制中的官僚作风影响较深，使得组织成员不敢、不愿去质疑，缺乏创新意识。这就需要建立激励机制，不断修正和完善原有体制，对于地方政府的创新失败给予理解，鼓励政策执行者在职权范围内的创新尝试，整合各部门、各组织的创新能力。

3. 地方决策者的创新能力

决策者的知识、能力、素养在一定程度上影响着地方行政人员的政策创新能力，政策决策者对政策执行方案具有领导权和控制权，以及最终决定权，决策者的能力主导着政策系统的运行。因此，决策者的创新能力在政策创新过程中具有重要意义。当前，一些地方行政人员存在官本位思想，擅长用文件执行文件，缺乏创新观念。决策者需要具有一定勇气，包括政治眼光和实践能力等。为此，需要从各方面加强决策者自觉转变行为的决心，培养地方行政人员的创新精神，加大行政人员的培训力度，以便顺利实现政策创新目标。

（三）方式创新

在政策执行过程中，方式方法的运用对政策执行成效会产生较大影响。政策执行转换明确了地方政策创新的价值和标准，为地方政策创新找到了一条“通往罗马的道路”，是地方政策创新的方向与原则。

第一，要理顺中央与地方政策之间的关系。社会政策的目标之一是通过执行相关政策减少和弥补区域差距，对社会资源进行再分配，满足社会和目标群体的需求。政策的执行主体，在面对复杂的社会环境时，如何使政策互补与兼容，是地方减少周折、实现政策目标的重要前提。这需要地方在政策执行和再决策中，统筹兼顾中央与地方、政策与地方实际现状、政策与政策之间的关系等，只有理顺各种政策关系，才能在政策执行中减少偏差，并为地方的政策创新奠定基础。只有理顺相关关系，才能更具有针对性和普适性，更具操作性，最终形成政策合力。

第二，解决政策执行中的难点问题。地方政府在执行政策过程中，地方既要全面认真执行政策，也要兼顾其他，分清楚主次矛盾和矛盾的主要方面，切实解决政策执行中的难点问题。地方政府在执行政策的过程中，有时候没有兼顾地方的实际情况，有时候违背政策意图。这两个情况都会使政策执行陷入困境，只有找出问题的源头，解决难点才能推进政策创新。

（四）动力创新

政策执行转换需要强有力的动力系统支持，这个动力系统既要有外在的制度环境，也要有内在的因素共同作用才能产生。地方政府在面对复杂的社会问题和环境时，需要有一个动力系统支撑实现政策创新。

1. 内在动力

“没有一个有效的政府，经济和社会的可持续发展都是不可能的。”①各级地方政府都有强烈意愿去改善当地政治、经济、社会发展现状，这种内在的期望是促进地方进行改革和创新的动力之一。各地方的发展是衡量国家整体水平的核心指标。因此，从中央的角度而言，发展是第一要务；对于地方而言，既愿意为民办实事，也希望通过政绩来体现作为；从社会群体角度而言，希望政策能够满足其利益需求。这三个层面构成了政策执

① 世界银行.1997年世界发展报告：变革世界中的政府［M］.北京：中国经济出版社，1997.

行转换中政策创新的内在动力，具体如下。

第一，可持续发展的要求。地方政府在地区可持续发展中扮演着“公共管理的主角”。[①] 地方政府必须维护市场正常运行秩序、促进地方经济发展，同时需要调节中央与地方的关系，提高人民的生活水平、满足各社会群体的利益，促进社会的和谐发展。可持续发展是政府的首要任务，各级地方政府正在经历重大变革，服务型政府要求彻底转变政府行政职能，由统治型到管理型再到服务型转变与重塑。传统的行政体制已不能适应社会发展的需要，社会转型、政策执行环境的不可预测性，都需要地方政府主动选择合适的方式来适应发展要求。只有适应和推进改革，才能引领地方经济和社会的可持续发展。

第二，行政人员升迁的诉求。在实际政治生活当中，地方行政人员升迁取决于其为官一任的政绩体现。政策执行是否有效往往能体现地方行政人员的行政能力。因此，政策执行成效成为推进政策创新的主要内在动力。从中央考核地方的各项指标可以看出，要在一个资源有限、经济落后、人民生活水平较低的地方实现政策目标，地方行政人员除了需有正确积极的政绩观指导外，还需要在政策价值理念、手段、资源等方面进行创新，以实现“为官一任、造福一方”。

第三，社会群体的政策认同。政策执行最终面对的是社会群体，社会群体是推动社会发展的主动力，同时是政策执行转换的推动者。随着经济社会的发展，社会群体的作用正逐步放大，社会群体对公共产品及公共服务的需求逐渐增加，地方政府能否满足社会群体的需要成为社会群体拥护和支持政策的首要因素。地方政府的政策制定要更多关注社会群体的诉求，以得到社会群体的认同，使其在政策执行转换中更有力、更有效地回应政府的行为。社会转型期，社会利益结构分化，由一元向多元转变，利益主体之间的矛盾和冲突增加，社会群体的认同可使政策在执行转换中减少阻力和障碍。因此，地方政府在执行政策时，必须考虑社会群体的利益诉求，考虑社会各利益主体之间的利益冲突，平衡这些组织和个人的利

① 陈庆云．强化公共管理理念推进公共管理的社会化［J］．中国行政管理，2001（12）：20-21.

益，从而使政策易于被社会群体接受，进而实现政策执行目标。

2. 外在动力

在政策执行转换中，外部的压力会形成一种“倒逼”力量，从而促进地方政府进行创新。这种压力既可能来自基层社会群体，也可能来自上级政府的监督，还有可能来自同级政府之间的相互学习。下面从地方政府间相互学习和媒体舆论的监督两个方面来阐述。

第一，地方政府间相互学习。各地方政府在促进地区经济社会发展方面都有自己的战略，为了更好地吸引外部资源和生产要素，会借鉴其他地区的做法，以增强本区域的优势，形成竞争优势。因此，地方政府不断通过制度创新来吸引资源，力求获得更多的资源与政策支持。当然，要防止地方政府之间恶意竞争导致诸如“贸易壁垒”的问题，使竞争生态恶化，造成不必要的损失。在相互学习的过程中，各地方政府要更加注重持续性发展与创造性能力的提升，“站在前人的肩膀上”，发挥本区域的资源禀赋优势，从而取得政策转换的成功。通过总结本地区实践发展经验，并不断反馈执行，既解决了当地的实际问题，又加大了政策执行的力度。

第二，媒体舆论的监督。媒体舆论广泛参与政策制定、政策执行、政策评估等过程，提高了政府工作的透明度，既可辅助政策执行主体获得相关信息，也能促进政府增强改革创新的动力。尽管政策各不相同，但政策目标指向都是发挥积极作用。因此，媒体舆论的参与对于政策的传播、民情民意的传达、政府形象的树立都具有重要意义。媒体舆论的独特性在于其发力方式不同。新闻媒体的传播渠道之广、影响之远，对政策的解读和宣传产生重大影响，潜移默化中引领着社会思潮，增进社会福祉，增强政府服务能力。广泛的正面传播、典型报道可以形成强大的社会“气候”。媒体舆论阵地既可以抑制社会负面因素，也可以伸张社会正义，促进政府、社会、公众之间的和谐互动。

三、社会政策执行转换创新路径

（一）社会政策创新趋势

市场解决一切问题值得怀疑，市场失灵要求建立一种社会保护机制，最大限度地降低风险，社会政策的本土化体系建构需要经过长期的发展历程，才能逐渐完善各项体制机制。目前，中国社会正处于结构转型阶段，涌现出一些新的社会问题，如“银色浪潮”、城乡分割、城市新贫困群体等。各级政府必须“跑步前进”，在问题复杂化之前以合理、合法的方式解决。我们必须在政策上有所突破，即打破传统的思维模式，发挥社会政策的潜力，促进社会融合与协调发展。

“自20世纪70年代以后，社会政策领域出现了理论多元化、地域多元化、福利多元化、政策周期化和社会整合化的趋势。”[①] 具体如下。

第一，理论多元化趋势是指更多的理论学派开始质疑费边主义的福利国家理论。新左派认为福利国家根本无法调和与满足市民的福利需求，新右派认为福利扩大化将无法满足所有人的需求，反而导致福利依赖越来越严重。因此，面对理论多元现象，社会政策开始探寻新的方向，从而凝聚社会关系，形成社会共同体。[②]

第二，地域多元化趋势是指未来社会政策将不仅是国内的，还有可能与国际社会及国际组织有关。全球化趋势下，社会政策的地域范围更加宽泛，借鉴其他国家的社会政策成果，积极应对国际社会政策对国内社会政策的影响。[③]

第三，福利多元化趋势是指随着社会组织的壮大，福利的提供更加多元，不再受限于单一的政府，社会政策与经济政策并驾齐驱，二者更加协调，进一步促进经济和社会的发展。因此，福利多元化使原来的福利国家变成福利社会。[④]

第四，政策周期化趋势是指政策从初步产生效果到具有社会效应并逐渐退却的过程。政策是具有生命，具有生命周期的。“生命周期是指一个人从出生到死亡整个生命历程中所经历的具有明显不同的经济和社会特征

---

① AP，EAE，et al. The student’s companion to social policy［M］. Malden MA：Blackwell Pub，2003：7.

② 徐毅成．社会政策与公共政策的关系及其趋势［J］．重庆社会科学，2013（2）：34-40.

③ 徐毅成．社会政策与公共政策的关系及其趋势［J］．重庆社会科学，2013（2）：34-40.

④ 梁祖彬．演变中的社会福利政策思维：由再分配到社会投资［J］．中国社会科学，2004（6）：11-14.

阶段，按照年龄可以分为儿童期、成年期和老年期等。”[①] “政策生命周期是指政策也具有一定‘寿命’性质，有终结之时。政策规范有着特定的对象、严格的范围和时间限定，自诞生至终止全过程中，呈现出一种阶段性的周期规律。政策的生命周期大体上可以划分为三个阶段，即初效阶段、全效阶段和失效阶段。”[②] 从政府失灵到市场失灵，随着市场经济的不断壮大，市场经济体制的不断完善，“弱政府、强社会”的趋势越来越明显。在这样的情况下，社会建设将显现出新的力量，社会建设将推动社会发展；而社会发展又需要社会治理，社会治理归根结底又要应对不断出现的社会问题，为此要制定和执行新的社会政策。

第五，社会整合化趋势是指创造一个更加友善、具有利他主义精神的社会。“社会整合”概念首次提出是在 1995 年丹麦首都哥本哈根举行的社会发展世界论坛上。在这次论坛上，社会整合被视为未来发展的一个目标，这个目标是创造一个更加有利于全世界人民的社会，世界各地的公民权利得到保护，人类的生存、发展、自由得到保护，使人类认识到和平发展的重要性，尊重世界文化的多样性。消除各种不公平和普遍存在的歧视，使每个人都有生存和发展的机会。通过社会中每个个体对权利和义务的主张，使社会中每个人都发挥积极的作用，从而使更多的群体更好地融入社会。参与社会共同体建设，将更有利于人类相互理解、彼此沟通交流，减少不必要的分歧，创造更加平等自由的社会。

（二）地方政府学习外部性与扩散

一般认为，向地方政府进行分权会促进政策创新，但是不可忽视一个重要的问题——学习外部性。成功的分权试验可以为其他地方提供有用的经验和信息。同质或者同样规模者之间相互学习，外部性不一定为正向；不同质或不同规模者则有很多可借鉴与选择的余地。此时，学习外部性可能为正向。

---

① 陈银娥，高思．社会福利制度反贫困的新模式：基于生命周期理论的视角 [J]．福建论坛（人文社会科学版），2011（3）：13-17.

② 郑曙东．政策生命周期论析 [J]．政策，1994（3）：53-54.

1. 外部性内在化

一般情况下，政策都具有一定的稳定性。但是随着全球化、网络化的发展，社会问题和事务更加多样化，政策往往会跟不上实际情况，从而导致政策学习负外部性问题。

计划经济模式下那种事无巨细、包揽一切的全能型政府已经不适应新的发展形势，迫切需要转变观念、转变发展方式。改革开放以后，我国确定以东部经济的发展带动西部发展，对东部省市给予投资倾斜和政策倾斜，形成了一定程度的政策偏好。这些政策收到了明显成效，但是也使政策的外部性发生了改变。一些地方开始出现负外部性问题，如城乡收入差距大、社会救助水平低、医疗技术差等，导致了一系列社会问题，迫切需要改变。

一般而言，我们在制定和执行社会政策时，总是希望社会政策的正外部性大于负外部性，如何才能做到这一点，如何在一个复杂的系统中减少外部负效应？对于部分因政策滞后造成的负外部性，主要还是调整。在原有政策的基础上进行政策目标、政策理念、政策执行等方面的调整，同时学习邻近省市的积极、成功的做法。一种被认为最简便的方法是“选择那些已经在其他省市被证明有效或者是非常有前景的方案，当然这些方案不是对现实政策的较重要的改进”。①

另外，中央政府重点是对国家整体发展方向的把握，及时发现和预测政策的外部性，将向东部沿海的政策偏好逐渐向中西部地区倾斜调整，西部大开发战略和振兴东北老工业基地战略在某种层面上就是预防负外部性的扩张而制定的。在市场经济环境下，我们要遵循市场经济原则，建立严格的监管制度和收入分配制度等，完善社会救助、社会保障、社会福利机制，防止行业之间及省市之间的差距拉大，以促进地方合理、有序、健康地发展，避免恶性竞争及负外部性。

2. 地方政府学习外部性的表现形式

一般情况下，地方政府对政策的预期具有多重性。同时，作为一种

---

① 萨巴蒂尔. 政策过程理论［M］. 彭宗超，等译. 北京：生活·读书·新知三联书店，2004：229.

国家政治组织形式，地方政府具有本地区社会福利最大化的倾向。Hall P A 在《政策范式、社会学习与国家——英国经济政策制定案例》中提出，“政府只要通过政策学习就可以实现更好的发展目标。根据政策实施的经验和新的政策信息，不断调整技术手段，从而实现最终的目标”。①

基于公共选择的视角，政策学习对于那些想连任的地方行政人员非常有吸引力。地方行政人员为了赢得连任，会采取措施最大限度地满足当地居民的需求和意愿。因此，在政策制定方面会选择创新的方式，通常意义上，这种创新就是引入其他省市试验成功的政策。这种行为既符合政府“经济人”的假设，也符合地方行政人员的需求，还符合当地居民的需求，从而可以使彼此利益最大化。地方政府之间的这种借鉴和学习，是政策创新的需要，无形中将外部性引入本地区，这种外部性是一个地方政府的政策选择对邻近地区和居民的直接溢出。例如，地方政府对污染的控制和治理，周边省市的居民也会得到直接效益，是政策执行的直接结果。这种基于环境对人类居住产生影响的政策学习，极大地创造出了正外部性。另外一种外部性是以间接的方式传播，如地方政府通过对资源的控制。这样的政策学习会导致既定条件下，地方政府的这种资源控制对其他地区产生一种负外部性。

因此，地方政府的学习外部性可以归纳为以下几种情况：一是政府职能的外部性。当地方政府能够较好地执行行政职能，制定和实施的法律法规能够有效保护各主体或能正确反映社会公共利益时，必然会提高社会资源的分配效率，提高生产力，带来正向外部效应；当地方政府不能为社会提供安全、有序的服务时，本地区居民就会在不同程度上承受地方政府带来的负外部性。二是政策制定的外部性。地方政府作为承载经济目标的组织，往往会与不同的经济利益个体发生利益交换，主要表现是地方政府大量的项目制度建设。这种项目制度建设虽然在一定程度上促进了地方的发展，发挥了正向作用，但也滋生了一些寻租与腐败行为，且这种负外部性的影响更深远。三是地方行政人员的外部性。地方行政人员在执行政策的

① HALL P A. Policy paradigms, social learning and the state-the case of economic policymaking [J]. Comparative Politics, 1993, 25 (3): 275-296.

过程中，容易有基于个人利益的倾向，最终导致地方行政人员腐败、社会公共资源分配不均等负外部性。

3. 地方政府学习外部性的扩散

事实上，政策扩散的过程已经形成和建立起了某种现实关系，即政府与政府之间、政府与公众之间的关系。罗杰斯曾把扩散定义为："一项政策通过某种渠道随着时间的流逝在一个社会系统的成员之间被交流的过程。"① 当各地方政府之间借鉴成功试验时，也存在隐性竞争。虽然各地方政府都有独立性，但都服从于中央的指令。除了服从中央的指令外，地方政府还必须理性地与其他地方政府进行竞争，以实现其政策目标。这种隐性竞争在某种层面上也是一种学习，从而实现政策扩散和创新。

政策扩散既可以是横向的，也可以是纵向的。地方政府的政策创新和政策扩散，是促进经济发展的原因之一，同时是地方政府具有高度适应能力的表现。② 中央与地方之间纵向政策扩散情况如表 6-1 所示。

表 6-1　中央与地方之间政策纵向扩散情况

地方利益博弈	地方政府政策创新来源			
	中央主导规划		地方自主实践	
财政收益	"自上而下"政策扩散	政策扩散顺利	"自下而上"政策扩散	中央统筹协调
财政投入		政策扩散受阻		中央借鉴地方

资料来源：赵慧．中国社会政策创新及扩散：以养老保险政策为例［J］．国家行政学院学报，2013（6）．

由表 6-1 可以看出，政策扩散、政策创新和地方财政收益及投入有着密切的关系，从而引起不同的政策扩散方式，主要有"自上而下"的政策扩散和"自下而上"的政策扩散两种。当 项政策由中央主导规划并对地方提供一定的财政支持，或者说地方能够获得更大的投资收益时，政策扩散顺利。如果地方要自行进行财政投入，这样的政策扩散会受到一定的阻力；相反，地方自主进行政策创新，当这种政策创新明显伴有一定的财政

① 萨巴蒂尔．政策过程理论［M］．彭宗超，等译．北京：生活·读书·新知三联书店，2004：228.

② 工绍光．学习机制与适应能力：中国农村合作医疗体制变迁的启示［J］．中国社会科学，2008（6）：111-133.

收益时，中央会统筹协调，既要统一目标，也要让地方获得收益。同时，部分地方自主投入政策创新资金，并取得一定成绩时，中央便会在政策出台时借鉴或者采纳该地方的经验。

从外部环境来看，政策在地方之间扩散总是处于一定的社会环境中，任何政策的扩散都需要和其他社会因素发生相互作用，都受到外部社会环境的制约和影响，适宜的外部环境有助于政策的有效扩散；反之，不好的外部环境会阻碍政策的扩散。对政策扩散影响较大的是政治文化环境，政治文化是一个国家政治生态的整体反映，地方政府之间的相互学习必然受政治文化的影响。在政策扩散过程中，选择什么样的行动以实现意图或政策目标在很大程度上受外部环境的影响。这种影响决定了地方行政人员对政策的某种倾向以及政策执行方式，政治文化的外部环境在很大程度上引导、支配、规范着政府之间的扩散行为及其效果。当地方政府进行政策试验时，也许其他的地方政府也决定采取措施进行尝试，这种可能性被称为“领导—跟进模型”，即在学习过程中的相互效仿。经济学中的“经济人”假说认为，每个人都是理性的，因此也可以认为政府具有这种理性。从自身的角度来看，地方政府都希望通过学习借鉴得到对自己有价值的启示。如果有合理完善的反馈渠道，则会将信息通过一定的渠道反馈，进而产生新的政策制定和执行方式。

另一个典型模型是“垂直影响模型”，各地方政府不是学习和效仿其他地方政府的政策，而是效仿中央的政策，在某种程度上，这也是一种学习过程。中央虽然能调控各地方的发展，但是对于各地方政府的偏好，中央会通过更多的政策试验来进行扩散，通过政策试验来弥补政策可能导致的不良结果。当有更多政策扩散可供选择时，分权的结果会产生更多的外部正效应和负效应，并循环往复下去。如果外部环境发生变化，政府决策者要获得成功，就必须相应地调整自身的行为。与政策决策者的内在动力相对应的是教训吸取，源于正式的政策过程，影响政策制定者对政策方法和工具的选择，主要是技术层面的改进。

政策教训的观察是学习的基础，这种观察包括两种形式：“其一是直接的或间接的观察，既可以直接观察政策领域内的教训，也可以通过其他政策领域、其他地方不同时间的政策教训学习；其二是系统的方法或试错的方法，即学习不一定有系统的政策评估或试验为基础，有时试错的方法更普遍。”[1] 萨巴蒂尔支持联盟框架，认为政策的变动应该通过“信念体系”来考察，“政策精英们的信念体系可以按照政策变动的难易程度划分为‘深层核心’‘政策核心’和‘次级方面’，信念的深层核心最难以改变；而次级方面，即执行层面，是较容易发生变化的。因此，政策取向的学习扩散是政策变动的重要方面，它能够使信念体系的次级方面发生变动；而政策核心方面的变化通常是由外部客观环境和因素决定的”。[2]

（三）地方政府政策执行转换创新方式

地方政府的社会政策创新，通常是基于中央出台的政策，通过裁量和博弈而制定的地方政策。另外就是中央给予地方的政策倾斜，通过“试点”等方式促进地方的政策创新。在“试点”中实现的政策创新，中央掌握着政策的目标方向，地方政府在政策转换中发挥了重要作用。除了中央宏观调控下的政策创新外，地方政府经常会在中央尚未涉及或者尚未参与的领域进行自主政策创新。由于这是一种单向的、不具约束性的地方政府行为，政策创新的成果往往十分丰富，这也是后期中央进行政策“试点”或正式制定政策可供参照的经验（见表6-2）。正如有的学者所言，“这种选择可以成为中央政策学习的来源”。[3]

表6-2　地方政策创新情况

地方利益博弈	地方政策创新来源	
	中央主导规划	地方自主实践
财政收益	创新顺利	创新积极
财政投入	创新受阻	创新缓慢

资料来源：笔者整理。

从表6-2可以看出，地方政府在政策执行过程中，当自主性增强时，

---

① MAY PETER J. Policy learning and failure ［J］. Journal of Public Policy，1992，12（4）：333.

② 萨巴蒂尔．政策过程理论［M］．彭宗超，等译．北京：生活·读书·新知三联书店，2004：155-160.

③ SHIH-JIUNN S. Social policy learning and diffusion in China：The rise of welfare region ［J］. Policy & Politics，2012，40（3）：367-385.

政策创新的频率和政策创新的主动性、积极性都有所上升。当政策源自中央主导规划，且中央对地方有一定的财政支持时，从地方角度而言，可以获得更大的投资收益，因此政策创新顺利；如果只是中央主导的政策规划，但中央对地方没有任何政策支持，需地方财政投入进行政策创新，这种情况下政策创新一般会受阻。相反，当地方自主进行政策创新，且政策创新会带来明显的财政收益时，政策创新具有主动性和积极性；当地方仅投入部分政策创新资金，政策创新进程比较缓慢。

地方政府的政策创新对推动社会、政治、经济、文化发展具有重要意义。首先，地方政府的政策创新既可以成为中央地方政策学习的基础，也可供中央参考，还可以对中央制定政策产生一定的约束力。其次，地方在社会政策领域进行创新，在一定程度上可刺激地方经济的发展，增加地方的财政收入，进一步促进地方政府改革，不断进行政策创新。最后，中央的政策整合与协调，是促进社会进步的关键，可进一步规范和明确地方政府在社会政策领域的权利与义务。

纵观社会政策从制定到执行的过程，中央与地方之间的关系始终是最重要的内容。只有让政策的制定与地方的发展目标、利益契合，政策文本才能在地方顺利执行。因此，为了维护地方政府的积极性，中央应给予政策、财政等方面的支持，以进一步深化和贯彻落实政策。

每个发展阶段都离不开政策创新。紧紧把握政策转换与政策创新的正确方向，按照中央的要求执行政策，破除现实阻力，及时反馈信息，以更好地实现政策目标，提高政策执行的自觉性和能动性，确保各项政策举措落到实处。可以说，政策转换是实现政策目标的路径，更是政策创新的“催化剂”。

然而，一些地方政府在执行政策过程中，并没有按照中央制定的路线推进，导致政策执行出现偏离，甚至使政策无法继续执行。因此，必须深入研究推进政策转换、实现政策创新并达到政策目标的社会政策创新模式（见图 6-1），具体如下。

第一，文本转换创新。在分权理论指导下，在政策执行过程中，地方政府除了要考虑自身利益外，还要考虑信息传播因素及组织结构因素。地方政府既是行政组织的一端，也是央地关系的一极，在不违反国家法律法

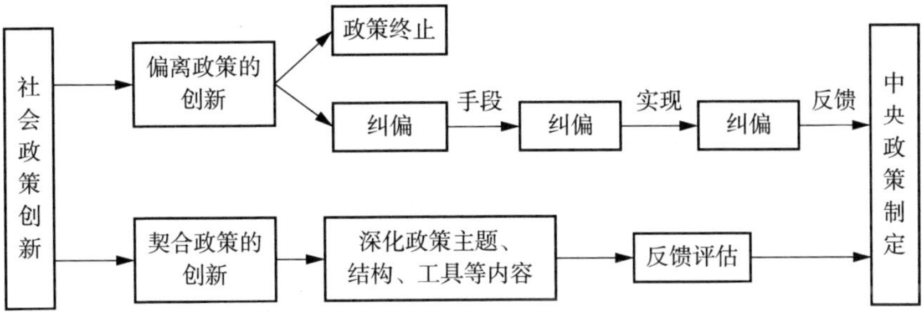

资料来源：笔者自制。

图 6-1　社会政策创新模式

规的前提下，地方政府根据地区差异将中央下发的政策文本转换成具体化的政策文本，形成可操作性方案，既体现了地方政府的自由裁量权，也说明了文本转换本身就是一种实现政策目标的创新。

第二，政策理念转换创新。理念转换是政策创新的先导，所谓“理念转换创新”，是指对事物及其内在规律的不同认识。这种新认识或不同认识一旦被地方行政人员所接受，就会成为政策创新的源泉。从中央的角度来看，地方政府必须按照中央政府的权威指令执行。但是在地方政府看来，政策文本是否符合其利益是值得考虑的问题。从地方行政官员的角度来看，如果千篇一律地执行行政指令，无疑会产生资源浪费等问题。这不仅是理念的转换，还是差异化的创新策略。在今后的政策创新中，地方政府要以社会进步为核心，以促进社会进步和发展为目标。

第三，决策转换创新。从中央与地方的关系来看，地方政府通过深入细化政策文本，形成可操作性方案，进而动员、组织、分配任务直至进入执行具体环节。在政策执行过程中，总会遇到很多新问题，地方政府应该根据现状对政策执行中存在的问题进行“再界定”“再决策”，使政策继续执行。这样可以省去汇报环节，既节省了资源，也实现了政策目标，只需中央予以监督即可。

第四，角色创新是政策创新的重点。随着经济社会的不断发展、民主法制建设的深入，社会权利的形态在不断演进，政府与社会应该是相辅相成的关系。随着公众自我意识和权利意识的觉醒，地方政府在政策执行过程中，不再是政策发布者，而应该从服务者的角度出发，发现问题寻找差距，实现从“管理者”到“服务者”的角色转换；通过转换角色，发现公众的真正需求，确保政策目标的实现。

第五，借鉴“开放协调法”进行政策创新。20 世纪 90 年代以来，欧盟通过“开放协调法”推动社会的发展，建立了新的政策协调机制，并运用到以往没有触及的政策领域当中。强调软性管理和辅助性原则，在目标制定过程中纳入各成员国的体制和政策，让欧盟各成员国按照自身的国情执行最恰当的政策。这种方法被视为欧盟的社会政策策略，是一种可突破现状的方法，使陷入僵局的政策找到新的创新路径。所谓“开放”，包括两层含义：一是成员国政策协调的结果可能并没有达到执委会预期的一致性目标；二是达成政策目标的方法不一定一致。也就是说，欧盟成员国可以依据自身条件拟订执行计划，执委会不要求成员国采取统一的方法。这种“开放协调法”是将经验共享和实验步骤制度化，从而有效避免成员国之间在规范性政策上的恶性竞争，并形成一种不具有特殊约束力的合作关系。①

借鉴“开放协调法”，须注重与地方政府之间的协调机制建设，并运用到社会政策的执行当中。地方政府与地方政府之间或者地方与中央之间可能会存在不一致或者达成目标的方法不一致，这恰恰是“开放协调法”的内涵。为此，可进一步通过“开放协调法”扩大合作，相互学习借鉴并制度化，以更好地接近和实现中央确立的共同政策目标。中央在目标和计划制订过程中可吸收与采纳地方的政策及运行机制，调动地方政府的积极性去执行适合自己的政策。“政策协调法”既可以作为中央与地方协调的策略，也可以突破博弈僵局，为地方政府政策创新提供新的路径，还可以使社会政策在发展取向上更具弹性。

---

① 林闽钢．社会政策：全球本地化视角的研究［M］．北京：中国劳动社会保障出版社，2007：71-74.

参考文献

一、著作

[1] 吴锡泓，金荣枰．政策学的主要理论［M］．金冬日，译．上海：复旦大学出版社，2005.

[2] 萨巴蒂尔．政策过程理论［M］．彭宗超，钟开斌，译．北京：生活·读书·新知三联书店，2004.

[3] 韦默，维宁．政策分析：理论与实践［M］．戴星翼，等译．上海：上海译文出版社，2003.

[4] 默顿．社会研究与社会政策［M］．林聚任，等译．北京：生活·读书·新知三联书店，2001.

[5] 弗雷德里克森．公共行政的精神［M］．张成福，等译．北京：中国人民大学出版社，2003.

[6] 戴伊．"自上而下"的政策制定［M］．鞠方安，吴忧，译．北京：中国人民大学出版社，2002.

[7] 斯科特．国家的视角：那些试图改善人类状况的项目是如何失败的［M］．王晓毅，译．北京：中国社会科学文献出版社，2011.

[8] 迪肯．福利视角：思潮、意识形态及政策争论［M］．周薇，等译．上海：上海人民出版社，2011.

[9] 迪安．社会政策十讲［M］．岳经纶，温卓毅，庄文嘉，译．上海：上海人民出版社，2009.

[10] 科尔巴奇．政策［M］．张毅，韩志明，译．长春：吉林人民出版社，2005.

[11] 布莱克默．社会政策导论［M］．王宏亮，朱红梅，张敏，译．北京：中国人民大学出版社，2009.

［12］蒂特马斯．社会政策十讲［M］．江绍康，译．台北：台湾商务印书馆，1991.

［13］黑尧．现代国家的政策过程［M］．赵成根，译．北京：中国青年出版社，2004.

［14］希尔．理解社会政策［M］．刘升华，译．北京：商务印书馆，2005.

［15］希尔，修普．执行公共政策［M］．黄建荣，译．北京：商务印书馆，2011.

［16］金斯伯格．福利分化：比较社会政策批判导论［M］．姚俊，张丽，译．杭州：浙江大学出版社，2010.

［17］阿尔科克，梅，罗林森．解析社会政策［M］．彭华民，等译．上海：华东理工大学出版社，2017.

［18］沙琳．需要和权利资格：转型期中国社会政策研究的新视角［M］．北京：中国劳动社会保障出版社，2004.

［19］米什拉．社会政策与福利政策：全球化的视角［M］．郑秉文，译．北京：中国劳动社会保障出版社，2007.

［20］森．以自由看待发展［M］．任赜，于真，译．北京：中国人民大学出版社，2002.

［21］薄贵利．中央与地方关系研究［M］．长春：吉林大学出版社，1991.

［22］蔡荣生，吴崇宇．我国城镇住房保障政策研究［M］．北京：九州出版社，2012.

［23］陈振明．政策科学：公共政策分析导论［M］．北京：中国人民大学出版社，2003.

［24］丁煌．政策执行阻滞机制及其防治对策［M］．北京：人民出版社，2002.

［25］丁建定．中国社会保障体系完善研究［M］．北京：人民出版社，2013.

［26］丁宁宁，葛延风．构建和谐社会 30 年社会政策聚焦［M］．北京：中国发展出版社，2008.

［27］邓伟志，张钟汝，范明林．社会管理与社会政策：境外公共政策扫描［M］．上海：上海人民出版社，2007.

［28］多吉才让．中国最低生活保障制度研究与实践［M］．北京：人民出版社，2001.

［29］关信平．社会政策概论［M］．北京：高等教育出版社，2004.

［30］桂世勋，黄黎若莲．上海与香港社会政策比较研究［M］．上海：华东师范大学出版社，2003.

［31］黄晨熹．社会政策［M］．上海：华东理工大学出版社，2008.

［32］黄兴文，蒋立红．住房体制市场化改革：成就，问题，展望［M］．北京：中国财政经济出版社，2009.

［33］洪大用．转型时期中国社会救助［M］．沈阳：辽宁教育出版社，2004.

［34］金太军，赵晖．中央与地方关系政府建构与调谐［M］．广州：广东人民出版社，2005.

［35］李迎生．转型时期的社会政策问题与选择［M］．北京：中国人民大学出版社，2007.

［36］李允杰，丘昌泰．政策执行与评估［M］．北京：北京大学出版社，2008.

［37］兰志勇，孙春霞．实践中的美国公共政策［M］．北京：中国人民大学出版社，2007.

［38］林成．从市场失灵到政府失灵：外部性理论及其政策的演进［M］．长春：吉林大学出版社，2011.

［39］林闽钢．社会保障理论与政策：中国经验视角［M］．北京：中国社会科学出版社，2012.

［40］林闽钢，刘喜堂．当代中国社会救助制度：完善与创新［M］．北京：人民出版社，2012.

［41］林闽钢．现代西方社会福利思想：流派与名家［M］．北京：中国劳动社会保障出版社，2012.

［42］林闽钢．中国社会政策［M］．武汉：武汉大学出版社，2011.

［43］林闽钢．社会政策：全球本地化视角的研究［M］．北京：中国

劳动社会保障出版社，2007.

［44］林闽钢．社会保障国际比较［M］．北京：科学出版社，2007.

［45］林闽钢．现代社会保障［M］．北京：中国商业出版社，1997.

［46］林尚立．国内政府间关系［M］．杭州：浙江人民出版社，1998.

［47］柳拯．社会管理与社会救助论：政策与实务的视角［M］．北京：中国劳动社会保障出版社，2008.

［48］鲁全．转型期中国养老保险制度改革中的中央与地方关系研究：以东北三省养老保险改革试点为例［M］．北京：中国劳动社会保障出版社，2011.

［49］卢旺．地方本科院校服务地方机制创新研究［M］．北京：中国经济出版社，2019：56-59.

［50］莫家豪，岳经纶，黄耿华．变迁中的社会政策［M］．北京：社会科学文献出版社，2013.

［51］宁国良．社会政策学概论［M］．湘潭：湘潭大学出版社，2010.

［52］彭华民．西方社会福利理论前沿：论国家、社会、体制与政策［M］．北京：中国社会出版社，2009.

［53］彭华民．社会福利与需要满足［M］．北京：社会科学文献出版社，2008.

［54］朴贞子，金炯烈，李洪霞．政策执行论［M］．北京：中国社会科学出版社，2010.

［55］时和兴．关系、制度、限度：政治发展过程中的国家与社会［M］．北京：北京大学出版社，1999.

［56］唐钧．社会政策：国际经验与国内实践［M］．北京：华夏出版社，2001.

［57］唐钧．博文中的社会政策［M］．北京：社会科学文献出版社，2012.

［58］童星．创新社会管理［M］．北京：中国社会科学出版社，2012.

［59］童星，林闽钢．中国农村社会保障［M］．北京：人民出版社，2011.

［60］童星．社会保障理论与制度［M］．南京：江苏教育出版

社，2008.

［61］童星．社会转型与社会保障［M］．北京：中国劳动社会保障出版社，2007.

［62］王国红．政策规避与政策创新：地方政府政策执行中的问题与对策［M］．北京：中共中央党校出版社，2011.

［63］王锡锌．公众参与和行政过程：一个理念和制度分析的框架［M］．北京：中国民主法制出版社，2007.

［64］王伟奇．最低生活保障制度的实践［M］．北京：法律出版社，2008.

［65］向玉琼．中国转型期地方政府政策移植研究［M］．北京：中国社会科学出版社，2012.

［66］谢明．政策透视：政策分析的理论与实践［M］．北京：中国人民大学出版社，2004.

［67］谢炜．中国公共政策执行中的利益关系研究［M］．上海：学林出版社，2009.

［68］谢志强．社会政策概论（第 2 版）［M］．北京：中共中央党校出版社，2017.

［69］辛向阳．大国诸侯：中国中央与地方关系之结［M］．北京：中国社会出版社，1995.

［70］徐帮友．中国政府传统行政的逻辑［M］．北京：中国经济出版社，2005.

［71］徐勇，高秉雄．地方政府学［M］．北京：高等教育出版社，2005.

［72］徐毅成．新时代中国社会政策执行与创新研究［M］．北京：中国经济出版社，2020.

［73］熊跃根．社会政策：理论与分析方法［M］．北京：中国人民大学出版社，2009.

［74］岳经纶，陈泽群，韩克庆．中国社会政策［M］．上海：上海人民出版社，2009.

［75］岳经纶．社会政策与社会中国［M］．北京：社会科学文献出版

社，2014.

［76］姚建平．中国转型期城市贫困与社会政策［M］．上海：复旦大学出版社，2011.

［77］杨团，彭希哲．当代社会政策研究（Ⅳ）［M］．北京：中国劳动社会保障出版社，2009.

［78］杨团，林卡．当代社会政策研究（Ⅵ）［M］．北京：中国劳动社会保障出版社，2011.

［79］杨伟民．社会政策导论（第2版）［M］．北京：中国人民大学出版社，2010.

［80］余潇枫，陈劲．浙江模式与地方政府创新［M］．杭州：浙江大学出版社，2007.

［81］朱亦松．社会政策［M］．上海：商务印书馆，1933.

［82］周建民．社会政策：欧洲的启示与对中国的挑战［M］．上海：上海社会科学院出版社，2005.

［83］郑文换．社会政策引论［M］．北京：北京大学出版社，2016.

［84］周飞舟．当代中国的中央地方关系［M］．北京：中国社会科学出版社，2014.

［85］张敏杰．社会政策论［M］．北京：北京大学出版社，2015.

二、期刊

［1］白维军．外部性视角下的农村社会养老保险制度：政府责任与模式构建［J］．农村经济，2012（6）：85-89.

［2］毕正宇．西方公共政策执行模式评析［J］．江汉论坛，2008（4）：91-96.

［3］柴宝勇，周君玉．农村网格化管理政策执行研究——基于政策执行系统理论的实证分析［J］．中国行政管理，2020（1）：114-120.

［4］陈国权，周鲁耀．公共决策中的利益冲突及其治理［J］．探索与争鸣，2012（9）：7-10.

［5］陈玲，赵静，薛澜．择优还是折中？——转型期中国政策过程的一个解释框架和共识决策模型［J］．管理世界，2010（8）：58-72，187.

［6］陈喜乐，杨洋．政策执行研究的范式转变［J］．厦门大学学报

（哲学社会科学版），2013（1）：1-8.

［7］陈宇，孙枭坤．政策模糊视阈下试点政策执行机制研究——基于低碳城市试点政策的案例分析［J］．求实，2020（2）：46-64，110-111.

［8］程杞国．公共政策制定中中央政府和地方政府的关系［J］．中共福建省委党校学报，2000（3）：19-22.

［9］蔡长昆，李悦箫．权力重塑、政策调适与复杂政策执行：来自县域精准扶贫政策执行的经验［J］．公共管理与政策评论，2021（4）：36-48.

［10］曹新富，周建国．我国基层政府河长制执行偏差：主要表现形式、成因及其矫正路径［J］．当代经济管理，2022（3）：33-40.

［11］查云飞．行政裁量自动化的学理基础与功能定位［J］．行政法学研究，2021（3）：114-124.

［12］柴宝勇，周君玉．农村网格化管理政策执行研究——基于政策执行系统理论的实证分析［J］．中国行政管理，2020（1）：114-120.

［13］陈楚，潘杰．健康扶贫政策目标与因病致贫情境的确认评价——以贵州省赤水市健康扶贫实践为例［J］．中国卫生政策研究，2019（4）：71-79.

［14］陈光捷．利益相关者视角下政策执行偏差的形成与治理——以S市0~3岁儿童托育政策为例［J］．四川行政学院学报，2020（4）：5-19.

［15］陈军，欧爱民．论城管执法行政裁量基准的制度定位［J］．江汉论坛，2019（12）：103-107.

［16］陈那波，卢施羽．场域转换中的默契互动——“中国城管”的自由裁量行为及其逻辑［J］．管理世界，2013（10）：62-80.

［17］陈世香，邹胜男．地方政府公共文化政策执行阻滞的生成逻辑——基于制度环境三维度理论框架的分析［J］．上海行政学院学报，2019（3）：25-36.

［18］陈伟．自由裁量的理性限度：为演绎主义辩护［J］．中国社会科学评价，2021（4）：4-15，155.

［19］陈文清．行政裁量基准适用的现实悖论、消解思路及其建构——以《行政处罚法》修改为背景［J］．甘肃政法大学学报，2021（2）：131-145.

［20］陈映芳．“违规”的空间［J］．社会学研究，2013（3）：162-182.

［21］楚静，张亚鹏．政策执行过程中“表格抗疫”的形式主义现象探析［J］．决策与信息，2020（8）：54-60.

［22］崔晶．“运动式应对”：基层环境治理中政策执行的策略选择——基于华北地区Y小镇的案例研究［J］．公共管理学报，2020（4）：32-42.

［23］崔晶．政策执行中的压力传导与主动调适——基于H县扶贫迎检的案例研究［J］．经济社会体制比较，2021（3）：129-138.

［24］崔运武，李玫．论我国地方政府“放管服”改革的挑战与应对——基于政策有效执行和整体性治理的分析［J］．湘潭大学学报（哲学社会科学版），2019（2）：13-20.

［25］丁煌，李新阁．干部考核作用下基层政府政策执行力的动力机制及其优化——以A省B市生态环保政策执行与考核为例［J］．行政论坛，2019（5）：109-118.

［26］窦正斌．公共政策执行者责任探究［J］．求实，2001（2）：44-47.

［27］丁煌，吴艳艳．政策执行过程中的隐蔽违规行为及其约束机制探讨［J］．社会主义研究，2012（2）：58-62.

［28］丁煌，定明捷．政策执行过程中政府与公众的谈判行为分析——非对称权力结构的视角［J］．探索与争鸣，2010（7）：34-38.

［29］丁煌，李晓飞．公共政策执行过程中道德风险的成因及规避机制研究——基于利益博弈的视角［J］．北京行政学院学报，2010（4）：16-23.

［30］丁煌，杨代福．政策执行过程中降低信息不对称的策略探讨［J］．中国行政管理，2010（12）：104-107.

［31］丁煌，定明捷，吴湘玲．“上有政策，下有对策”的博弈缘由探析［J］．科技进步与对策，2004（7）：146-148.

［32］丁煌，定明捷．“上有政策，下有对策”——案例分析与博弈启示［J］．武汉大学学报（哲学社会科学版），2004（6）：804-809.

［33］丁笑炯．政策实施过程中的变形——西方20世纪70年代以来有关研究简介［J］．社会科学，2005（10）：45-51.

［34］范明林．从社会政策的过程观谈社会政策的价值取向［J］．社

会，2002（2）：24-27.

［35］冯希莹．社会福利政策范式新走向：实施以资产为本的社会福利政策——对《谢若登的资产与穷人：一项新的美国福利政策》的解读［J］．社会学研究，2009，24（2）：216-227.

［36］傅雨飞．我国政府职能部门的决策参与机制分析——以地域因素为主要考察变量［J］．中国行政管理，2013（4）：35-39.

［37］冯海军，姬飞霞，严新明．新治理理念下基层养老服务政策执行分析——以 MQ 县为例中国农村卫生事业管理［J］．2020，40（10）：706-712.

［38］冯莉．行政自由裁量权视角下我国民族地区行政法治的问题及对策［J］．贵州民族研究，2018，39（5）：29-32.

［39］傅翔鸿．街头官僚理论视域下秦皇岛市交通警察自由裁量权研究［J］．燕山大学，2021（6）：55.

［40］甘颖．国家行政嵌入与农村低保政策实践逻辑变迁——以贵州 D 村低保政策执行为例［J］．贵州省党校学报，2020（4）：79-87.

［41］高洪贵，张永杰．服务型乡镇政府行政自由裁量权的伦理规范研究［J］．三晋基层治理，2020（1）：26-30.

［42］高家军．河长制可持续发展路径分析——基于史密斯政策执行模型的视角［J］．海南大学学报（人文社会科学版），2019，37（3）：39-48.

［43］高建华．公共政策有效执行的政治学分析［J］．中国行政管理，2006（2）：41-43.

［44］高建华．影响公共政策有效执行的体制因素分析［J］．学术论坛，2008，31（12）：64-67.

［45］葛大汇．执行中的中央政策与地方决策机制——以安徽省农村义务教育经费的维持为例［J］．中国行政管理，2006（3）：82-87.

［46］耿晓婷．利益过滤．政策执行梗阻深层机理分析的新视角［J］．桂海论丛，2006（6）：66-68.

［47］龚虹波．论公共政策执行中的目标团体不服从现象——以某市出租车司机拒交经营权及有偿使用金为例［J］．宁波大学学报（人文科学版），2010，23（2）：94-98.

[48] 龚虹波．中国公共政策执行的理论模型述评［J］．教学与研究，2008（3）：92-96.

[49] 龚虹波．执行结构—政策执行—执行结果—— 一个分析中国公共政策执行的理论框架［J］．社会科学，2008（3）：105-111，190.

[50] 龚虹波．中国公共政策的执行结构分析［J］．云南社会科学，2008（1）：18-22.

[51] 关信平．论我国新时代积极稳妥的社会政策方向［J］．社会学研究，2019，34（4）：31-38，242.

[52] 关信平．改革开放30年中国社会政策的改革与发展［J］．甘肃社会科学，2008（5）：8-12.

[53] 关信平．经济全球化，社会不平等与中国社会政策转型——兼论加入WTO后的新挑战［J］．东南学术，2002（6）：43-49.

[54] 关信平．社会政策发展的国际趋势及我国社会政策的转型［J］．江海学刊，2002（4）：93-98.

[55] 郭小聪，李洪涛．社会政策执行过程中的合作治理研究——以广州市农村社会养老保险政策为个案［J］．学术研究，2010（10）：74-81，160.

[56] 郭喜，白维军．开放性协调．欧盟养老保险一体化及启示［J］．中国行政管理，2013（4）：98-101.

[57] 郭梓焱，刘春湘．社会组织制度执行环境的结构维度、现实困境及优化路径［J］．学习与实践，2022（3）：113-122.

[58] 贡森，李秉勤．新时代中国社会政策的特点与走向［J］．社会学研究，2019，34（4）：39-49，242-243.

[59] 顾昕．治理嵌入性与创新政策的多样性：国家—市场—社会关系的再认识［J］．公共行政评论，2017，10（6）：6-32，209.

[60] 贺东航，孔繁斌．公共政策执行的中国经验［J］．中国社会科学，2011（5）：61-79，220-221.

[61] 何汇江．社会政策理论研究综述［J］．许昌学院学报，2006（3）：141-144.

[62] 何李．我国公共政策执行的负外部性及其治理［J］．学理论，

2012（26）：10-11.

［63］何艳玲，李妮．为创新而竞争．一种新的地方政府竞争机制［J］．武汉大学学报（社会科学版），2017，70（1）：87-96.

［64］黄晨熹．社会政策概念辨析［J］．社会学研究，2008（4）：163-181，244-245.

［65］黄晓春，周黎安．“结对竞赛”：城市基层治理创新的一种新机制［J］．社会，2019，39（5）：1-38.

［66］洪朝辉．论中国城市社会权利的贫困［J］．江苏社会科学，2003（2）：116-125.

［67］洪大用．机遇与风险：当前中国的社会政策议程［J］．学术界，2004（2）：49-57.

［68］侯志峰．政策联盟的注意力配置，互动策略与社会政策变迁——基于甘肃农村低保政策的分析个案［J］．甘肃行政学院学报，2019（2）：45-51.

［69］胡敏洁．社会福利领域中的裁量与规则——基于城市最低生活保障条例的分析［J］．浙江学刊，2011（2）：60-64.

［70］胡宁生．公共政策执行中公众参与分析［J］．中国行政管理，1999（12）：51-54.

［71］胡宁生．中国社会转型中战略变迁的公共政策学解释——西方公共政策非线性过程理论的中国应用［J］．江海学刊，2006（1）：85-90，238-239.

［72］胡象明．地方政策执行：模式与效果［J］．经济研究参考，1996（16）：39-42.

［73］胡象明．论刘少奇的政策执行思想及其现实意义——兼析“上有政策，下有对策”现象的表现形式及其治理措施［J］．中国行政管理，2001（4）：49-51.

［74］胡象明．论政府政策行为超域效应原理及其方法论意义［J］．武汉大学学报（人文社会科学版），2000，53（3）：409-415.

［75］胡象明．论政府政策行为的价值取向［J］．政治学研究，2000（2）：38-45.

[76] 胡象明. 政策科学的中国化与理论创新 [J]. 北京行政学院学报, 2000 (1): 10-11.

[77] 胡象明. 论地方政策的决策模式 [J]. 武汉大学学报 (哲学社会科学版), 1997 (2): 49-54.

[78] 霍海燕. 优化公共政策执行体制的设想 [J]. 理论探讨, 2002 (3): 61-63.

[79] 霍海燕. 当前我国政策执行中的问题与对策 [J]. 理论探讨, 2004 (4): 87-90.

[80] 霍达. 街头官僚自由裁量权的行使逻辑与规范路径 [J]. 领导科学论坛, 2015 (5): 14-15.

[81] 贺东航, 孔繁斌. 中国公共政策执行中的政治势能——基于近20年农村林改政策的分析 [J]. 中国社会科学, 2019 (4): 4-25, 204.

[82] 贺雪峰. 论乡村治理视域下的农村基层中坚干部 [J]. 湖湘论坛, 2018, 31 (5): 2, 43-50.

[83] 侯华. 公共管理视角下D市城管支队执法自由裁量权问题研究 [J]. 河北科技大学学报, 2021 (6): 92.

[84] 胡建刚. 规制与问责: 英美警察自由裁量权的多元治理 [J]. 吉首大学学报 (社会科学版), 2019, 40 (5): 48-60.

[85] 皇娟, 唐银彬. 复杂情境与多重应对: 基层政策执行者的行动逻辑——基于四川省×镇精准扶贫政策执行的个案 [J]. 广西师范大学学报 (哲学社会科学版), 2022, 58 (6): 55-68.

[86] 黄建红. 乡村振兴战略下基层政府农业政策执行困境与破解之道——基于史密斯模型的分析视角 [J]. 农村经济, 2018 (11): 9-16.

[87] 汲铮, 华生, 蔡倩, 李秀萍. 腐败治理、自由裁量权与管制权力边界 [J]. 世界经济, 2021, 44 (12): 155-177.

[88] 靳凤林. 行政伦理证成与自由裁量道德空间 [J]. 人民论坛·学术前沿, 2012 (8): 86-94.

[89] 金太军. 重视对公共政策执行的研究 [J]. 江苏社会科学, 2001 (6): 58-69.

[90] 金东日. 政策执行研究论纲 [J]. 东方论坛, 2004 (2): 89-93.

［91］景天魁．论中国社会政策成长的阶段［J］．江淮论坛，2010（4）：5-10.

［92］景天魁．引致和谐的社会政策——中国社会政策的回顾与展望［J］．探索与争鸣，2008（10）：15-19.

［93］景天魁．社会政策需创新理念［J］．中国社会保障，2005（3）：25.

［94］郎玫，郑松．政策弹性、执行能力与互动效率：地方政府政策执行绩效损失生成机制研究［J］．行政论坛，2020，27（3）：113-120.

［95］李辰星．分散与协同的取舍逻辑：乡村环境治理政策的执行方式研究［J］．华中师范大学学报（人文社会科学版），2022，61（2）：13-20.

［96］李辉．理性选择与认知差异：运动模式下基层政策执行的变与不变——基于专项行动的多案例研究［J］．中国行政管理，2021（9）：78-86.

［97］李鹏，张奇林．福利政策自由裁量的生成逻辑与治理路径——基于农村低保政策执行过程的分析［J］．四川大学学报（哲学社会科学版），2019（4）：48-57.

［98］李伟权，黄扬．政策执行中的刻板印象：一个激活应用的分析框架［J］．公共管理学报，2019，16（3）：1-15，168.

［99］李文婧，孟晓华．高阶理论：中国的研究进展——基于自由裁量权视角［J］．管理现代化，2016，36（2）：123-126.

［100］李小艺．中国公共政策执行中的程序认证——基于贵州省P县精准扶贫动态管理的政策实践分析［J］．公共管理学报，2021，18（1）：1-11，165.

［101］李志杰．基层公务人员自由裁量权失范管控的新进路［J］．学术交流，2021（9）：30-41.

［102］李智超，卢婉春．生活垃圾分类政策执行的差异性研究——基于注意力视角的定性比较分析［J］．经济社会体制比较，2020（5）：132-142.

［103］廖锋江，周建国．当下中国治理体系下基层政府政策执行逻辑［J］．安徽师范大学学报（人文社会科学版），2020，48（5）：105-110.

［104］刘建．标准化、自由裁量权与街头博弈：贫困治理情境转换的路径及逻辑——基于L乡精准扶贫实践的案例分析［J］．甘肃行政学院学

报，2019（4）：14-24，124-125.

[105] 刘东汶，胡象明．政策科学的发展与学科建设［J］．经济研究参考，1996（J6）：2-4.

[106] 刘涛．社会整合与基本公共服务均等化——迈向均衡发展的德国社会政策［J］．社会政策研究，2017（2）：13-34.

[107] 刘亚平．退出选择视角中的地方政府间竞争：两个基本维度［J］．江海学刊，2006（1）：91-96.

[108] 刘权．行政裁量司法监督的法理变迁——从自由裁量及其界限谈起［J］．中国法律评论，2020（4）：144-152.

[109] 刘星．行政裁量中的技术控制——基于政务服务应用场景的实践观察［J］．公共行政评论，2022，15（1）：51-68，197.

[110] 刘悦美，田明．嵌入与转换：环境政策执行过程中环保社会组织的行动策略研究［J］．中国行政管理，2020（7）：49-55.

[111] 梁芷铭．基层公务员政策执行中的裁量问题探析［J］．钦州学院学报，2011，26（2）：121-124.

[112] 梁祖彬．演变中的社会福利政策思维——由再分配到社会投资［J］．中国社会科学，2012（1）：22-24.

[113] 连维良，吴建南，汪应洛．政府执行力的影响因素及对策［J］．中国行政管理，2013（4）：25-28.

[114] 林海．社会政策实施过程中的行为变迁［J］．学海，2002（4）：52-57.

[115] 林卡，赵怀娟．论生产型社会政策和发展型社会政策的差异和蕴意［J］．社会保障研究，2009（1）：15-26.

[116] 林卡．中国社会政策学科的本土发展——以国际社会政策学科的发展经验为视角［J］．探索与争鸣，2008（11）：35-39.

[117] 林闽钢，祝建华．我国城市低保家庭脆弱性的比较分析［J］．社会保障研究，2011（6）：60-71.

[118] 林闽钢．城市贫困救助的目标定位问题——以中国城市居民最低生活保障制度为例［J］．东岳论丛，2011，32（5）：13-19.

[119] 林闽钢，董琳．欧盟反社会排斥政策探讨［J］．公共管理高层

论坛，2006（1）：122-140.

［120］林闽钢，吴小芳．代际分化视角下的东亚福利体制［J］．中国社会科学，2010（5）：181-193，223-224.

［121］李春成．价值观念与社会福利政策选择——以美国公共救助政策改革为例［J］．复旦学报（社会科学版），2004（6）：113-121.

［122］李强．推进社会学的社会政策学科建设［J］．社会学研究，2019，34（4）：1-9，241.

［123］李迎生．中国社会政策改革创新的价值基础——社会公平与社会政策［J］．社会科学，2019（3）：76-88.

［124］鲁先锋，沈承诚．地方政府核心行动者的行为动机与行为模式研究——以农村建设用地整理政策执行为例［J］．湖北社会科学，2012（8）：28-32.

［125］鹿斌，沈荣华．逆向动员：基层政策执行中的行动策略——基于苏南 CT 村“四好农村路”政策执行过程研究［J］．中国行政管理，2021（10）：123-129.

［126］马香莲，张琪琪．“双减”政策执行的制约因素与破解路径［J］．教育评论，2022（2）：36-42.

［127］梅建明．社会发展与社会政策［J］．天津社会科学，1999（4）：17-23.

［128］宁国良，李琼．区域利益矛盾协调中的地方政府政策创新［J］．人才资源开发，2007（11）：19-20.

［129］宁国良．论公共政策执行偏差及其矫正［J］．湖南大学学报（社会科学版），2000（3）：95-98.

［130］宁国良．论公共政策执行再决策［J］．湘潭大学学报（社会科学版），2000（2）：10-12.

［131］潘小娟．中央与地方关系的若干思考［J］．政治学研究，1997（3）：6.

［132］彭浩然，岳经纶．东莞医改与神木医改：地方社会政策创新的经验与挑战［J］．中山大学学报（社会科学版），2012，52（10）：165-171.

［133］彭华民．福利三角：一个社会政策分析的范式［J］．社会学研

究，2006（4）：157-168，245.

［134］彭灵灵．“社会政策时代”智库的价值，影响机制与体系建构［J］．湖北社会科学，2019（3）：48-52.

［135］彭宅文．最低生活保障制度与救助对象的劳动激励：“中国式福利依赖”及其调整［J］．社会保障研究，2009（2）：163-174.

［136］彭向刚，程波辉．论行政执行机制创新［J］．甘肃社会科学，2013（6）：43-47.

［137］钱再见．论政策执行中的政策宣传及其创新——基于政策工具视角的学理分析［J］．甘肃行政学院学报，2010（1）：11-18，125.

［138］钱再见，金太军．公共政策执行主体与公共政策执行“中梗阻”现象［J］．中国行政管理，2002（2）：56-57.

［139］钱再见．论公共政策执行中的偏差行为［J］．探索，2001（4）：63-65.

［140］孙健，田明．中国社会政策结构转型与治理关系重构［J］．天津行政学院学报，2019，21（6）：10-18.

［141］谭镱博．医疗保障待遇清单制度的执行策略研究——基于SWOT-CLPV分析［J］．卫生经济研究，2022，39（4）：7-10.

［142］谭羚燕，娄成武．保障性住房政策过程的中央与地方政府关系——政策网络理论的分析与应用［J］．公共管理学报，2012，9（1）：52-63，124-125.

［143］谭英俊．走向一种有效的公共政策执行模式——基于政策网络理论的启示［J］．内蒙古社会科学（汉文版），2008（4）：7-11.

［144］唐娅辉，黄妮．精准扶贫政策执行中的性别盲点与反思——基于政策执行互适模型的分析［J］．湖湘论坛，2018，31（3）：139-146.

［145］田昊，李娉．中国情境下公共政策执行主要问题的转变及其制度分析［J］．中国行政管理，2019（5）：77-83.

［146］唐钧．社会政策研究现状与发展趋势［J］．社会科学管理与评论，2004（3）：64-70.

［147］唐钧．最低生活保障制度的研究与探讨［J］．社会学研究，2001（2）：123-125.

［148］唐钧．社会政策的基本目标：从克服贫困到消除社会排斥［J］．江苏社会科学，2002（3）：41-47.

［149］唐燕云，陈方正．货币型补贴与实物型补贴公共住房政策比较［J］．探索与争鸣，2009（5）：62-64.

［150］童星．社会保障的外部风险探析［J］．社会保障研究，2010（6）：24-28.

［151］童星，王增文．农村低保标准及其配套政策研究［J］．天津社会科学，2010，2（2）：49-51.

［152］童星，张海波．农民工社会政策及其建构［J］．社会保障研究，2006（1）：182-194.

［153］童星．市场竞争中的地方政府政策与制度创新［J］．江苏社会科学，1996（4）：3-6.

［154］万国威，李畅，左高山．行政自由裁量的理论解析与伦理重构［J］．河南科技大学学报（社会科学版），2009，27（5）：39-42.

［155］王国红．地方政府的政策规避与政策创新辨析［J］．政治学研究，2007（2）：71-76.

［156］王春光．政策执行与农村精准扶贫的实践逻辑［J］．江苏行政学院学报，2018（1）：108-117.

［157］王东伟．行政裁量行为的合理性审查研究［J］．北京理工大学学报（社会科学版），2018，20（6）：147-152.

［158］王法硕，王如一．中国地方政府如何执行模糊性政策？——基于A市厕所革命政策执行过程的个案研究［J］．公共管理学报，2021，18（4）：10-21，166.

［159］王帆．关于行政自由裁量善与恶的探讨［J］．中共伊犁州委党校学报，2020（1）：93-95.

［160］王国龙．自由裁量及规范化的角色定位［J］．内蒙古社会科学，2020，41（1）：80-86，3.

［161］王学栋．行政伦理视野中的行政自由裁量权［J］．教学与研究，2007（6）：41-47.

［162］王志勇．自由裁量权异化在中国的表现与成因［J］．学术月

刊，2015，47（5）：92-100.

［163］王思斌．走向发展型社会政策与社会组织建设［J］．社会学研究，2007（2）：187-189.

［164］王思斌．转型中的中国社会救助制度之发展［J］．文史哲，2007（1）：121-126.

［165］王思斌．我国社会政策的弱势性及其转变［J］．学海，2006（6）：25-30.

［166］王思斌．农村社会保障制度建设的政策过程分析［J］．文史博览，2005（Z2）：55-57.

［167］王思斌．当前我国社会变迁中的社会政策［J］．中国社会保险，1998（1）：4-7.

［168］王思斌．我国社会政策的实践特征与社会政策体系建设［J］．学海，2019（3）：12-18.

［169］王晓东．从“社会保障对接条例”到“开放性协调治理”欧盟养老保险区域一体化经验及启示［J］．现代经济探讨，2013（12）：82-86.

［170］王印红．社会管理体制创新中的几个基本问题［J］．中国行政管理，2012（5）：42-45.

［171］王玉琼．政策异变及其解读——以住房政策为例［J］．中国行政管理，2007（5）：14-16.

［172］王卓祺，雅伦·获加．西方社会政策概念转变及对中国福利制度发展的启示［J］．社会学研究，1998（5）：7.

［173］魏姝．政策类型与政策执行：基于多案例比较的实证研究［J］．南京社会科学，2012（5）：55-63.

［174］魏姝．府际关系视角下的政策执行——对N市农业补贴政策执行的实证研究［J］．南京农业大学学报（社会科学版），2012，12（3）：94-101.

［175］魏姝．政策过程阶段论［J］．南京社会科学，2002（3）：64-69.

［176］蔚超，张钰玉．公共政策执行的机制创新研究［J］．天水行政学院学报，2016，17（1）：3-6.

［177］巫俏冰．社会政策研究的过程视角——以北京市农村社会养老

保险制度为例［J］. 社会学研究，2002（1）：55-68.

［178］吴木銮. 我国政策执行中的目标扭曲研究——对我国四次公务员工资改革的考察［J］. 公共管理学报，2009（3）：32-39.

［179］吴忠民. 从平均到公正：中国社会政策的演进［J］. 社会学研究，2004（1）：75-89.

［180］吴忠民. 公正与社会政策［J］. 理论前沿，2002（7）：13-15.

［181］吴回生. 合法、合理、正当：学校自由裁量权的边界、空间与约束［J］. 华南师范大学学报（社会科学版），2012（2）：36-39，156.

［182］谢庆奎. 中国政府的府际关系研究［J］. 北京大学学报（哲学社会科学版），2000（1）：26-34.

［183］谢新源. 执行限塑令需要政策创新［J］. 环境经济，2018（15）：18-21.

［184］奚源. 简析拆迁政策执行中的基层治理创新——以成都市金牛区曹家巷为例［J］. 人民论坛，2014（2）：163-165.

［185］熊跃根. 社会政策的比较研究：概念，方法及其应用［J］. 经济社会体制比较，2011（3）：16-28.

［186］熊跃根. 论转型时期我国福利体制的改革与社会政策的发展［J］. 学习与实践，2010（1）：88-98，2.

［187］熊跃根. 论国家，市场与福利之间的关系：西方社会政策理念发展及其反思［J］. 社会学研究，1999（3）：13.

［188］熊樟林. 裁量基准的概念限缩与扩容［J］. 东南大学学报（哲学社会科学版），2019，21（3）：74-85，147.

［189］徐道稳. 社会政策过程中的利益表达［J］. 学术论坛，2006（7）：60-64.

［190］徐月宾，张秀兰，王小波. 国际社会福利改革：对中国社会救助政策的启示［J］. 江苏社会科学，2011（5）：35-40.

［191］徐月宾，刘凤芹，张秀兰. 中国农村反贫困政策的反思——从社会救助向社会保护转变［J］. 中国社会科学，2007（3）：40-53，203-204.

［192］徐月宾，张秀兰. 供暖体制改革与社会政策的制度性缺陷［J］. 清华大学学报（哲学社会科学版），2006（4）：104-120.

［193］薛澜，陈玲．中国公共政策过程的研究：西方学者的视角及其启示［J］．中国行政管理，2005（7）：99-103.

［194］薛澜，林泽梁．公共政策过程的三种视角及其对中国政策研究的启示［J］．中国行政管理，2013（5）：41-46.

［195］薛立强，杨书文．当代中国政府间纵向关系的变迁：基于三组要素的分析［J］．山东科技大学学报（社会科学版），2010，12（1）：60-67.

［196］薛立强，杨书文．论中国政策执行模式的特征——以十一五期间成功关停小火电为例［J］．公共管理学报，2011，8（4）：1-7，122.

［197］肖龙，马超峰．治理共同体视域下街头官僚的自由裁量——基于情—理—法的三维解释［J］．延安大学学报（社会科学版），2020，42（4）：37-42.

［198］许光建，卢倩倩，许坤．破解政策执行困境：基于多任务委托代理模型［J］．行政管理改革，2020（9）：48-59.

［199］闫帅．公共决策机制中的“央地共治”——兼论当代中国央地关系发展的三个阶段［J］．华中科技大学学报（社会科学版），2012，26（4）：68-74.

［200］严荣．公共政策创新的因素分析［J］．公共管理学报，2006（4）：62-69，110.

［201］杨代福，丁煌．中国政策工具创新的实践、理论与促进对策——基于十个案例的分析［J］．社会主义研究，2011（2）：66-70.

［202］杨宏山，李娉．政策创新争先模式的府际学习机制［J］．公共管理学报，2019，16（2）：1-14，168.

［203］杨立雄．从人道到人权：穷人权利的演变［J］．湖南师范大学学报，2003（3）：50-54.

［204］杨立雄．中国城镇居民最低生活保障制度的回顾、问题及政策选择［J］．中国人口科学，2004（3）：9.

［205］杨团．社会政策研究中的学术焦点［J］．探索与争鸣，2007（11）：28-32.

［206］杨团．当代社会政策何为？［J］．中国社会保障，2007（10）：28.

［207］杨团．社会政策研究范式的演化及其启示［J］．中国社会科

学，2002（4）：127-139，206.

［208］杨团．社会政策的理论与思索［J］．社会学研究，2000（4）：16-26.

［209］杨伟民．社会政策研究的开放性和挑战性［J］．中国人民大学学报，2004（2）：68-74.

［210］杨伟民．社会政策与公民权利［J］．江苏社会科学，2002（3）：35-40.

［211］杨英顺，陆小成．论公共政策执行中的参与型政治文化建设［J］．株洲工学院学报，2005（2）：17-19.

［212］杨光，谢家平．公共政策执行中运动型治理的发生机理及转化机制研究［J］．管理现代化，2020，40（4）：88-91.

［213］元帅，陈志霞，郭金元．自由裁量权对街头官僚公共服务动机的作用机理：被调节的中介模型［J］．公共管理评论，2022，4（1）：126-151.

［214］叶托，薛琬烨．“在执行中规划”：软性社会政策的政策规划模式——以Z市全民公益园建设为例［J］．中国行政管理，2019（1）：88-94.

［215］尹新瑞．当前我国托底社会政策的缘起，内涵与建构方略［J］．理论与现代化，2019（3）：42-50.

［216］游海疆．一种解读政策执行的新视角——从政策执行博弈模型进行的分析［J］．理论与改革，2006（2）：46-49.

［217］喻月慧．迎接社会政策时代：社会理论的作用［J］．社会政策研究，2019（2）：48-58.

［218］郁建兴．中国的公共服务体系：发展历程，社会政策与体制机制［J］．学术月刊，2011，43（3）：5-17.

［219］郁建兴，何子英．走向社会政策时代：从发展主义到发展型社会政策体系建设［J］．社会科学，2010（7）：19-26，187-188.

［220］郁建兴，黄亮．当代中国地方政府创新的动力：基于制度变迁理论的分析框架［J］．学术月刊，2017，49（2）：96-105.

［221］郁建兴，黄飚．当代中国地方政府创新及其新进展——兼论政府间关系的重构［J］．政治学研究，2017（5）：88-103，127.

［222］岳经纶．建构“社会中国”：中国社会政策的发展与挑战［J］．探索与争鸣，2010（10）：37-42.

［223］岳经纶，翁慧怡．地方最低生活保障制度研究——广东的案例［J］．社会保障研究，2009（2）：147-162.

［224］岳经纶．中国社会政策60年［J］．湖湘论坛，2009，22（4）：5-8.

［225］岳经纶．社会政策学视野下的中国社会保障制度建设——从社会身份本位到人类需要本位［J］．公共行政评论，2008（4）：58-83，198-199.

［226］岳经纶，张孟见．社会政策视域下的国家与家庭关系：一项实证分析［J］．重庆社会科学，2019（3）：51-63.

［227］岳经纶，方珂．福利距离、地域正义与中国社会福利的平衡发展［J］．探索与争鸣，2020（6）：85-96，159.

［228］曾毅，李月军．政策执行过程中的否决点问题——以煤炭安全生产管理为例［J］．中国行政管理，2013（2）：95-99.

［229］张林军，陆小成．论政治文化对公共政策执行的影响，障碍及其创新［J］．廊坊师范学院学报，2004（3）：70-73.

［230］张敏杰．社会政策及其在我国社会经济发展过程中的取向［J］．浙江社会科学，1999（6）：7.

［231］张秀兰，徐月宾，张玉荣．社会政策创新与中国的策略选择［J］．江苏社会科学，2007（4）：42-47.

［232］张富文，张冰伦．领导者创新性政策执行的行为机制探析［J］．领导科学，2022（3）：49-52.

［233］张群梅．村委会农地流转政策的执行逻辑及其规制——基于街头官僚视角［J］．河南大学学报（社会科学版），2014，54（1）：26-32.

［234］张怡静，陈越峰．公正适当裁量中的“相关考虑”——从对中国行政审判案例第71号的讨论切入［J］．法律适用（司法案例），2019（4）：43-55.

［235］张宇．政策执行偏差行为的心理透视与防治理论探讨［J］．2006（5）：146-148.

［236］赵成根．转型期的中央和地方［J］．战略与管理，2000（3）：44-51.

［237］赵灯峰，卢少求．行政自由裁量权的定位、错位与复位［J］．

成都大学学报（社会科学版），2016（2）：24-30.

［238］赵静．执行协商的政策效果：基于政策裁量与反馈模型的解释［J］．管理世界，2022，38（4）：95-109，141.

［239］赵天航，原珂．刚性约束失灵与变异：公共政策“层层加码”现象再解释——以H省“控煤”政策为例［J］．党政研究，2020（3）：111-119.

［240］郑路，蒋理慧．政策制定与执行之间的偏差何以产生——以地方政府对“网约车”的管理为例［J］．江苏社会科学，2019（4）：66-75，258.

［241］郑琦．行政裁量基准适用技术的规范研究——以方林富炒货店“最”字广告用语行政处罚案为例［J］．政治与法律，2019（3）：89-100.

［242］郑秉文，孙婕．社会保障制度改革的一个政策工具：目标定位［J］．中央财经大学学报，2004（8）：42-46.

［243］郑长旭．行为恰当，执行沟通与制度化：地方政府创新的可持续研究［J］．中国行政管理，2020（1）；40-45.

［244］朱广忠．中国社会全面转型期的政策走向［J］．理论探讨，1999（3）：4.

［245］朱广忠．我国地方政府有效执行中央政策的若干问题［J］．中国行政管理，1999（12）：69-71.

［246］朱广忠，朴林．影响地方政府有效执行中央政策的因素分析［J］．理论探讨，2001（2）：50-53.

［247］朱亚鹏，丁淑娟．政策属性与中国社会政策创新的扩散研究［J］．社会学研究，2016，31（5）：88-113，243.

［248］竺乾威．地方政府的政策执行行为分析——以拉闸限电为例［J］．西安交通大学学报（社会科学版），2012，32（2）：40-46.

［249］朱水成．政策执行的中国特征［J］．学术界，2013（6）：15-23，281.

［250］周国雄．地方政府政策执行主观偏差行为的博弈分析［J］．社会科学，2007（8）：73-79.

［251］周雪光，练宏．中国政府的治理模式：一个“控制权”理论［J］．社会学研究，2012，27（5）：69-93，243.

［252］周雪光，练宏．政府内部上下级部门间谈判的一个分析模型——以环境政策实施为例［J］．中国社会科学，2011（5）：80-96，221.

［253］周雪光．权威体制与有效治理：当代中国国家治理的制度逻辑［J］．开放时代，2011（10）：67-85.

［254］周挺，舒为平．我国青少年体质健康政策执行困境研究——基于修正后“模糊—冲突”模型的分析［J］．武汉体育学院学报，2022，56（2）：44-49.

［255］周佑勇．裁量基准的变更适用是否溯及既往［J］．政法论坛，2018，36（3）：142-152.

［256］钟海．权宜性执行：村级组织政策执行与权力运作策略的逻辑分析——以陕南L贫困村精准扶贫政策执行为例［J］．中国农村观察，2018（2）：97-112.

［257］左宏愿．基层一线公职人员的自由裁量权及其责任机制［J］．西北师大学报（社会科学版），2021，58（2）：36-46.

三、外文文献

［1］JEFFREY L. P.，Aaron B. W. Implementation：How great expectation in Washington are dashed in Oakland［M］. Berkley：University of California Press，1973：63-480.

［2］MICHAEL H.，RAMESH M. Studying public policy：Policy cycles and policy Subsystems［M］. Oxford University Press，1995：455-456.

［3］RANDALL B. R.. Policy implementation and bureaucracy 2nd［M］. Chicago：Dorsey Press，1986：219-229.

［4］RICHARD F. E. Backward mapping：Implementation research and policy decisions［J］. Political Science Quarterly，1979-1980，94（4）：1369-1433.

［5］RICHARD F. E. Organizational models of social program implementation［J］. Public Policy，1978，26（2）：145-149.

［6］RUTH L. Implementing public policy［M］. London：Croom Helm，1980：67-71.

［7］THOMAS B. S. The po1icy implementation process［J］. Po1icy Sciences，1973，4（2）：197-209.

关键词索引

Z

后　记

本书是在笔者的博士学位论文基础上修订而成的，内容上做了较大修订，回头审视“走过的路，结出的果”，不禁五味杂陈。慨叹时光荏苒、白驹过隙，很多往事浮上心头，于是把一些片段记录下来，以慰藉那难以忘却的“历历在目”。

一

曾记得在硕士研究生学习阶段，饵块是每天最美味的早餐，对于我这个西北人来说，刚开始非常排斥饵块中的一种调味料——“折耳根”。因为“折耳根”有一种让人难以接受的腥味，在很长一段时间我都难以准确描述那种“怪异”的味道。后来才发现，当地人上千年形成的饮食习惯饱含了丰富的辩证思想和文化——“折耳根”是一味中药，具有清热解毒、利尿消肿、开胃理气的功效和作用。当地人炒菜、煲汤时都会放这味佐料，不禁从心底里为人们的智慧点赞。我也从排斥到离不开这种味道，深深地爱上了，经常三五个好友一起去圆西路、南屏街、小铁路聚餐，饭后再闲庭信步逛逛那美不胜收的翠湖。

当时，对于要不要报考博士？考哪个学校，考什么专业？我还是一头雾水，那么多专业，根本不了解。这是一件非常痛苦的事，没有人给予指导，周围的同学也不了解这方面的情况，最重要的是我本人对专业和学校也没有明确定位。今天看来十分滑稽和可笑，但在当时确实是这样，基本没有相关信息。好在同一栋楼的一位戴姓师兄考取了博士（现任云南昆明消防指挥学院指挥长），我和室友于是经常去向他请教，戴师兄每次非常耐心细致地给我们讲解，这才逐渐明白了如何选择学校，怎样选择导师、准备考试、准备复习资料……今天看来很简单的事情，当时却摸不着头脑。

在熟悉了这些流程后，我和室友两个人开始搜集相关学校的信息，包括学校的招生简章、导师简介等，最后室友准备报考中山大学，我准备报考南京大学。我们俩买了各自准备报考学校的复习资料，便开始了每天在图书馆备考的日子，虽然是枯燥单调的，但是却充满了希望和力量。记忆犹新的是，今天在山东大学工作的一对伉俪，他俩是我的同班同学，大家十分羡慕他们，为什么呢？因为他俩既会享受生活，又极具情调，两人边恋爱边学习，最终修得正果。在学校时，他俩经常出去逛街，每次归来时都会给我带点“肯德基”“锅包肉”这样的美食，让我这个“土包子”在看书之余还有美食享用，觉得自己太幸运了、太幸福了。至今我的味蕾仍深深记忆着那些味道，他们的说话声、笑声似乎一直萦绕在耳旁。

离博士研究生入学考试的时间越来越近了，我买了去南京的火车票，室友买了去广州的火车票，我们在宿舍举行了一个简单的“考前壮行餐”。这餐饭是室友专门“进城”购买的：一只巨大的烤鸡、一盘猪尾巴（因为室友是四川人，很喜欢猪尾巴，最重要的是他做饭水平一流。我学着他说话的样子：“哇，这个东西巴适的板”），我则下楼买了花生和啤酒。电影《让子弹飞》里的一段台词：“要有风，要有肉；要有火锅，要有雾；要有美女，要有驴。”我们是“要有酒、要有肉、要有电影”……就这样，我们度过了参加博士研究生入学考试前在学校的最后夜晚，那晚对于我来说终生难忘。

二

终于坐上了去南京的K156次列车，由于担心一到南京就参加笔试、复试表现不好，第一次买了硬卧车票。我之前去上学一直买的是硬座车票，那时候很多车次都是“绿皮”火车，座椅又挤又硬，甭提多“酸爽”了。硬座车厢里的“故事”就更多了，耳畔久久挥之不去的是列车服务员的声音：“啤酒、饮料、矿泉水，瓜子、花生、八宝粥。来，腿收一下……”他们一路上来回穿梭在每节车厢——无论车内多拥挤。有时候着实讨厌，但这些都是普通列车上最本色的“出演”，没有一丝丝修饰。每趟列车上都有一段值得记忆和让人埋藏心底的故事：有那些一路给我讲故事、分酒喝、分肉吃的“大哥”“叔叔”们；也有那些底层劳动人民在一起互帮互助、互相让座的感动；还有很多同龄人一起谈家乡、谈理想、谈见闻的美好。

列车经过南京长江大桥后，即将停靠终点站南京站时，列车广播开始了：“各位旅客：前方到达的是六朝古都南京，这里山川形胜，人文荟萃。紫金山松柏苍翠，玄武湖波光荡漾。东吴大帝指点江山，中山国父经纬天地。诗人曾感慨：江南佳丽地，金陵帝王州……终点站——南京站就要到了，请旅客带好自己的随身行李物品，准备下车。”我兴奋地整理好行装，随着人流缓缓走出了车站，没有过多环顾车站的雄伟，开始问询如何坐车去南京大学，这是我第一次坐南京地铁。手持那圆圆的、小小的蓝色地铁卡，心里想着：“这么个小东西，真高级。”

肩上背着书包，手提行李箱，地铁上大家都不停地打量着我，由于紧张，我一直紧紧握着车厢中间的那根不锈钢钢管。不敢乱看，紧紧盯着车厢上方的报站表，默默地数着：“六站、五站、四站……”终于到了，我赶紧提着行李箱走出了地铁站。

出了地铁站，走过一段很长的马路，终于看到了南京大学那标志性校门：位于汉口路老校区的校门，开阔、庄严而大气。两根粗壮的方形立柱撑起门头，上书毛体“南京大学”四个金光闪闪的大字。左书“团结紧张”、右书“严肃活泼”八个大字。看着熙熙攘攘的人群进进出出，我在校门前空地上驻足了很久很久……正值“考试季”，周边住宿异常紧张，无奈只好求助南京的师兄。见到师兄，简短寒暄后，师兄就带我到广州路南京儿童医院对面的一栋住宅楼里。之所以记得如此清晰，是因为这栋楼正好对着南京儿童医院，进进出出的都是带孩子看病的父母，每每看到这些内心都闪现出做父母太不容易的想法。这里一间两室两厅的房子被木板隔成了八九间房，每间都住满了人，我第一次真切地感受到大城市的“寸土寸金”。师兄订了一间房的阳台，这是他不知多少天四处打听的结果，能订到这间房真的是万幸中的万幸。我万分感激师兄，当时的想法很简单：“只要有个地儿，能让我睡个觉就行。”至今，我和师兄仍保持着紧密联系，经常用自己不熟练的云南马普话对他说，“给好呢?”“克哪地儿?”，逗得师兄电话那头笑声不断。这是师兄家乡的方言，也是我觉得最亲切的语言。

白天，师兄领着我去政府管理学院大楼看了看，说以后就在这里上课和学习了，我频频点头。偶然看到在学院楼的电梯口张贴着考生名单，不看则已，一看吓一跳。虽然没表现出来，但是确实非常紧张。

当天晚上，师兄为我举行了接风仪式，用师兄的话说："虽然简单，但是仪式感还是要有呢。"那是我第一次进南京大学校本部食堂，处处都让我有"除却巫山不是云"之感，内心很受震撼，脑中无数个"哇哦"飘过。名校不仅校园和教学楼气派，连食堂都这么大，我吃惊的表情逗得师兄和他的朋友大笑不已，我才意识到自己宛如"刘姥姥进大观园"了。食堂里每样食材都新鲜美味，虽记不起当时聊的内容了，但那温暖的笑容一直都在我的心底，那一天是我在南京过得最踏实的一天。吃完饭后，我就赶紧回到出租屋内，坐在阳台边的小桌子上抓紧复习，心想明天的笔试能多答点就多答点。

由于白天的那张名单，那一夜我躺在阳台的小床上脑海里不停地涌出了各种各样奇葩想法。担心考不好，担心考不上……也不知道啥时候睡着了。醒来时发现一只肥大的老鼠从床上跳到窗台上，至少有20厘米长，沿着月色下的窗台飞似的逃走了。那硕大的身躯、长长的尾巴让人心有余悸，吓得我再也没有睡着，打开窗台前的灯看书直到天亮。第二天，我查看老鼠行踪，发现那栋楼太可怕了，墙内有大大小小的洞，猜测这一定是老鼠上下楼层的通道。顾不得老鼠，我匆匆下楼去买了早点：一份八宝粥和一个包子。吃过早饭就去参加考试了。

三

考场我记得很清楚，跨进老校区校门，穿过两旁都是梧桐树的大道就到了。后来才知道道路左边有何应钦故居（斗鸡闸），道路右边是由中国建筑师杨廷宝设计的图书馆，教室后面是南京大学的标志性建筑——北大楼。笔试和面试一气呵成，中间没有停顿。上午是英语考试，下午是专业课考试。我对英语考试比较有信心，一是因为复习时买了不少名校真题和考研“黄皮书”，做了很多遍，对考试题型、题量都比较清楚；二是自认为英语从来没有丢弃过，上午的英语考完了，觉得还是比较轻松。下午的专业课考试，拿到试卷的时候，有的题型没有见过，不免有些紧张，好在有选择的余地，如从六道题中选做五道。于是开启“疯狂”答题模式，所谓“疯狂”也是自诩，简单构思后，我就开始答题了。只记得自己像写学术论文一样，拟订了一级标题、二级标题、三级标题……也没有时间拿尺子打直线等，提笔就写，很快四张 A3 纸就写满了，手疼得无处安放。我举手向监考老师示意答题纸写完了，监考老师也蒙了，说：“学校也没有给多余的纸张……”让先等着，监考老师出去不一会儿带着一些 A3 纸回来，给了我两张。我继续构思答题，其间又举手，因为这两张纸也写满了。整整八张纸，我把自己熟悉的、确定的以及自己的想法都表达了，成绩如何就不得而知了。走出考场长出了一口气，期待着第二天的面试，想着终于可以见到只能在书中、网上见到的老师了，开心地走出了校门。

面试的地方在政府管理学院大楼二楼，由于报考人员非常之多，轮到我时已经是下午了。听到名字时，我紧张地进入了考场，考场里有导师、专业面试老师、英语面试老师、记录员，空气中弥漫着紧张氛围。只记得导师穿着棕色西装，和蔼地说：“准备开始。”现在已经想不起当时老师们问的问题了，但是至今记得老师们的方位、座次。当时导师穿了一件棕色的西装，在之后多年中，常见导师穿这件棕色西装。后来我入职时母亲为我买的第一件西装选的就是这种颜色。

考试结果两个月后才能知晓，当晚和师兄聚会后，我就购买了返校的火车票。一来天天叨扰师兄不好意思，二来还有毕业事宜要完成。两个月后的一天，我收到了来自南京大学的博士研究生录取通知书，真的甭提多开心了。那红色的 EMS 邮件至今我还保存着，对我来说，真的太宝贵了。

四

美丽的九月，我以学生身份再次步入南京大学，被安排在校本部南园 1 号楼 302 宿舍，开启了在南京大学的学习生活。博士研究生的生活两点一线，基本围绕图书馆和食堂循环。导师多次强调博士研究生阶段重点就是做好博士学位论文，为此我们谁都不敢懈怠，所有的同学都全力以赴，马力全开。其间有太多的故事可书写，有师生情、同门情、室友情、同窗情，还有很多生活故事，每个都无法割舍，都留在了心底。

博士学位论文的写作过程是极其痛苦、折磨人的，不仅需要阅读大量的经典名著，而且要具有耐得住寂寞的品性和坐冷板凳的韧性。写作中像进入一间漆黑的屋子，伸手不见五指。必须坚定信念，坚信必能走出去，沿着心中设想的路线，不断验证、不断前进，终有出口为你带来一线光明。用网络流行语言就是：①每天叫醒自己的不是闹钟，是伟大的梦想；②每天囊中羞涩的不是贫穷，是向成功缴纳的学费；③每天迎来的不是漫长黑夜，是早起的黎明；④每天肩上新增的不是痛楚，是沉稳的素养；⑤每天产生的不是辛酸，是充实的体验；⑥每天抛弃的不是别人，是不成熟的自己。在恩师的指导下，我深深体味“如何将研究融入生活？如何将学问融进生命？如何用生命去阐释学术？”。然而，惭愧的是自己对很多名著的理解总是相对肤浅。尽管如此，论文写作中充满幸福与温暖，因为有恩师在一旁“指路”，不偏不倚朝着预定的“轨道”前行。同时，还有各位同门、2011 级同班同学，以及好友的鼓励和指导。在完成博士学位论文之时，别有一番滋味在心头。回想起来，翻阅了多少本书籍也找不到一丝线索，多少次一个人静静地待在宿舍从早上到次日凌晨，只为多看几本书，多写一个章节。内心深处一次次感受着王国维《人间词话》中的人生三境界：“昨夜西风凋碧树，独上高楼，望尽天涯路”“衣带渐宽终不悔，为伊消得人憔悴”“众里寻他千百度，蓦然回首，那人却在灯火阑珊处”。这些是我在写作博士学位论文中体验到的焦灼与纠结。尽管经受痛苦与折磨，还是不尽如人意，但也算未曾虚度。博士学位论文写作期间，我真正体悟到了做学问的艰辛与不易，知晓投身于学术不仅需要智力、体力和毅力，还需要内心的平静和对生活的热爱，更需要不懈坚守。

记得中学时，读鲁迅作品，有句“没有拿来的，人不能自成为新人，没有拿来的，文艺不能自成为新文艺”。在写作博士学位论文过程中，“拿来主义”对笔者而言，不仅开启了智慧之门，也成为论文论点的有力佐证。俗话说："自古华山一条路。"学术研究与写作也只有一条路，就是不断思考、不断修正，直到啃掉"硬骨头"。笔者坚信这既是挑战，也是对思想和品行的"锻打"；更坚信这段经历可为自己未来的人生增添一份冷静、一份执着、一份深邃。

恩师严谨、认真、细致，为此，我常为写不好、不会写而纠结和自责。但是恩师总是细致认真地传授如何严谨地分析问题，有时候会提供"小便签"，让我倍感温暖。恩师辅导我做文献综述、数据探讨和论文修改，严格的学术训练让我似乎摸到了一些做学问的门道，改掉了以往不注意细节的毛病，对学术的理解也有了新的体会和认识。心底既敬佩恩师，也很惧怕恩师。能够跟随恩师学习是我最大的收获，也是最大的荣幸，更是最幸福最快乐的事。这里借用《论语》里的一句话来表达心声："仰之弥高，钻之弥坚，瞻之在前，忽焉在后。夫子循循然善诱人，博我以文，约我以礼。欲罢不能，既竭吾才，如有所立卓尔。虽欲从之，末由也已。"从论文题目到文中的每个词、每个字，以及标点符号运用都渗透着恩师的辛劳。我自知天性愚钝、理论功底弱、学术能力有限，无法把博士毕业论文做到极致，夜夜忧心，诚惶诚恐。被恩师"批"不可怕，可怕的是论文创新太少、深度不够，为此更要感谢恩师无数次拨冗对论文的"拨乱反正"，经由一次次地"推翻"与"取舍"才有了现在的成果。千万次想对恩师表达谢意，却不知道如何去做。只能认为一个基础比较差的学生做好博士学位毕业论文，对恩师来说才是最开心的事、最值得自豪的事。恩师深厚的学术功底和谦虚的为人，时时感染着我们。从恩师身上总能获得很多关于生活、家庭、学习等方面的启示，恩师博大精深的学识、宽以待人的胸襟、严谨求实的治学风范、豁达宽厚的人格魅力，激励着我们前进。虽不能至，心向往之。路漫漫其修远兮，吾将上下而求索！

"经师易遇，人师难遭，愿在左右，供给洒扫。"伯纳德曾说："我们像是站在巨人肩上的矮子。我们看到比我们的前辈更多、更远的事物，并非我们视力更好或身材更高，而是因为巨人的抬举，他们的崇高增加了我们的高度。"恩师给我开启了一扇窗户，开辟了我的学术道路，并以身示范我做人的道理。恩师传递的"利他"精神已经深深印在了我的心里，流淌在我的血液里。心怀有多宽广，舞台就有多宽广。带着这份沉甸甸的礼物，必将不辜负恩师所付出的心血，不辜负恩师的细心关怀，带着恩师的关爱、朋友的关怀、父母亲人的期盼去努力工作和生活。恩师领着我走入社会政策这个美妙小天地，它的深邃令人感慨，对我来说是一个令人兴奋同时又富有挑战性的领域。论文写作虽然早已告一段落，但是我心中仍有很多遗憾。对一个没有进行过学术锻造和锤炼的人来说，我在南京大学度过了一段最有意义的日子。这离不开南京大学尊敬的老师、可爱纯朴的同学、亲爱的朋友及家人对我的关怀。不论身在何方，我都不敢忘记恩师在做人、做事方面的认真教诲，更不能忘记一次次与恩师在办公室谈博士学位论文的场景。

五

回首于南京大学攻读博士学位的求学时光，有太多的良师益友给予过我无私的帮助和鼓励，让我倍感不舍、倍感温暖、倍感欣慰，有太多的话要表达，有太多的人要感谢，有太多的事要铭记，他们的无私、热情、友爱让人无法忘怀。虽没有华丽的辞藻，也没有亲自向每个“你”道声感谢，但是“你”永远在我的心里。在这里，要向你们表达我最衷心、最诚恳、最平凡、最真实的感谢。

感谢在我攻读博士学位期间，恩师在学习和生活上给予的最大照顾；在论文设计和写作过程中，恩师更是循循善诱，引导我去思考，即便工作繁忙，也总会发来邮件询问论文进展情况。我的博士毕业论文浸入了恩师太多心血，在此向恩师致以最诚挚的谢意！同时要感谢在生活和学习中给予笔者很多关怀的师母，师母的慈爱和体贴让人倍感温馨，祈愿恩师和师母身体健康，幸福吉祥！

感谢论文开题和预答辩过程中给我提出过宝贵意见的各位老师，他们是童星老师、庞绍堂老师、朱国云老师、周沛老师、顾海老师、孔繁斌老师、魏姝老师、严新民老师、张海波老师、高传胜老师。他们总是能“一针见血”直指论文的“死穴”，帮助我更快更好地去修正、延伸和拓展，使得论文更加系统和完善。感谢所有老师给予的潜移默化的学术影响，与各位老师每一次的交流机会都万分珍贵，真诚地祝愿各位老师学术之路长青，身体健康，万事如意！

感谢各位师兄、师姐、师弟、师妹，他们各具才华，每位都在我心中留下了深刻印象，他们在生活和学习中给予了我很大帮助及指导。没有他们的分享就不会有那么多创新的“火花”，没有他们就不会有师门“大家庭”的互动，同门对我的学术研究有着重要影响。大家相处轻松、愉快，畅所欲言，在这个集体中感受到了“大家庭”的融合与温暖，我必将用一生去珍惜和维护！祝愿各位同门生活幸福，工作顺心，万事如意！

感谢各位同窗和好友，他们真挚的友情和热心帮助让我在异地他乡感受到了亲人般的温暖，进而迅速融入集体生活，度过了快乐的学习时光。祝愿友谊长青！

感谢含辛茹苦养育、教育我做人做事的第一任老师——爸爸妈妈，是他们朴素的话语、淳朴的行为深深影响着我。我的每一步成长、点滴进步都凝聚了他们的艰辛和汗水。祈愿父母身体健康，仅以此作为对他们的报答！

论文写作中引用了不少专家、学者的理论和观点，正是因为这些前辈在公共政策与社会政策领域的辛勤耕耘，才使论文有了丰富“养料”。他们辛苦探索和辛勤耕耘取得的学术成果是相关研究的重要基础，在此向他们表示崇高的敬意！

最后，再一次向我求学、工作中遇见的所有老师、同学、朋友、同事以及曾经关心、支持、帮助过我的每个人说一声：谢谢！人生路上因你们而更加丰富多彩，因你们而更加充实快乐，因你们而更加成熟稳健。再多言辞也是那样乏力，唯有珍惜与感恩。风雨人生路，常思量，总难忘！博士研究生生涯，恩师的教诲、同窗的鼓励、朋友的慰藉、家人的支持，更让我时刻怀有一种责任感和使命感，并为之奋斗，为之努力。你们是我不畏艰难、不怕吃苦、不敢懈怠，永远向前的动力。吾将秉承南京大学的校训：“诚朴雄伟、励学敦行”，严格遵循恩师的教诲，在以后的工作中“认认真真做事，踏踏实实做人”！

书中难免有疏漏，恳请各读者朋友多提宝贵意见，多批评指正。在此，衷心感谢中国经济出版社及责任编辑为本书的统筹、编辑、文字润色等所做的大量工作，没有责任编辑老师的字斟句酌和严谨细致，本书难以顺利完成和最终问世。

正如《蓝天白鹭之歌》所言："让我们一路同行，越过云海飞过星空，有你在我的身边，走遍天下是坦途，让我们敞开胸怀，真情温暖四海宾朋，千万里心意相通……续写着成功历程。"祝福所有同行的人一路繁花。

是为记。

2023 年仲夏于省身斋